HISTÓRIAS QUE TRANSFORMAM

coordenação editorial
REBECA TOYAMA

HISTÓRIAS QUE TRANSFORMAM

GRANDES LÍDERES REVELAM OS SEGREDOS DA SUPERAÇÃO

© LITERARE BOOKS INTERNATIONAL LTDA, 2024.

Todos os direitos desta edição são reservados à Literare Books International Ltda.

PRESIDENTE
Mauricio Sita

VICE-PRESIDENTE
Alessandra Ksenhuck

DIRETORA EXECUTIVA
Julyana Rosa

DIRETORA COMERCIAL
Claudia Pires

DIRETORA DE PROJETOS
Gleide Santos

EDITOR
Enrico Giglio de Oliveira

CAPA
Gabriel Uchima

DIAGRAMAÇÃO
Luis Gustavo da Silva Barboza

ASSISTENTE EDITORIAL
Felipe de Camargo Benedito

REVISORES
Sérgio Ricardo Nascimento

IMPRESSÃO
Paym

Dados Internacionais de Catalogação na Publicação (CIP)
(eDOC BRASIL, Belo Horizonte/MG)

H673   Histórias que transformam: grandes líderes revelam os segredos da superação / Coordenadora Rebeca Toyama. – São Paulo, SP: Literare Books International, 2024.
272 p. : 14 x 21 cm

Inclui bibliografia
ISBN 978-65-5922-774-7

1. Liderança. 2. Superação. 3. Sucesso. I. Toyama, Rebeca.
CDD 658.4

Elaborado por Maurício Amormino Júnior – CRB6/2422

LITERARE BOOKS INTERNATIONAL LTDA.
Rua Alameda dos Guatás, 102
Vila da Saúde — São Paulo, SP. CEP 04053-040
+55 11 2659-0968 | www.literarebooks.com.br
contato@literarebooks.com.br

Os conteúdos aqui publicados são da inteira responsabilidade de seus autores. A Literare Books International não se responsabiliza por esses conteúdos nem por ações que advenham dos mesmos. As opiniões emitidas pelos autores são de sua total responsabilidade e não representam a opinião da Literare Books International, de seus gestores ou dos coordenadores editoriais da obra.

SUMÁRIO

Prefácio 7
Mílton Jung

Introdução 9
Rebeca Toyama

1   ACI, UMA HISTÓRIA EM TRANSFORMAÇÃO 13
Rebeca Toyama

2   GESTAÇÃO 25
Amanda Menezes Scaff

3   PONTES PARA A VIDA 37
Carlos Castro

4   DE UMA DOR SE FEZ UM DOUTOR: ESPIRITUALIDADE QUE FUNCIONA 49
Denis Fred Benzecry

5   MISSÃO MINHA FAMÍLIA: UM NOVO MOVIMENTO EMPREENDEDOR 61
Elaine Bueno

6   **CONTABILIZANDO O SUCESSO** 75
Elianai Holanda

7   O PODER DA DECISÃO: COMO AGIR DIANTE DOS OBSTÁCULOS DA VIDA? 87
Elma Simões

8   APRENDENDO A ORGULHAR-SE DA CAMINHADA 99
Fabiana Macedo Tadiello

9	BREVES CONSELHOS PARA UM FUTURO CEO 111 **Felipe Clemente Santos**	
10	PARA ONDE OS TRILHOS DA VIDA ME LEVARAM 123 **Jayme Paulo Carvalho Jr.**	
11	NOSSAS ODISSEIAS PESSOAIS: A JORNADA DO HERÓI QUE TODOS COMPARTILHAMOS 137 **Luciana Vanzo**	
12	PERMITA QUE O CORAÇÃO E A INTUIÇÃO GUIEM SEUS CAMINHOS 149 **Luiz Antonio Buozzi**	
13	CONTINUE A NADAR, CONTINUE A NADAR... 161 **Marcela Melo**	
14	O QUE A VIDA ME ENSINOU 175 **Marco Antonio Albuquerque Paim Vieira**	
15	O VALOR DO AUTOCONHECIMENTO 187 **Mariano Nogueira**	
16	EU, VOCÊ, OS OUTROS E NOSSAS CONEXÕES 199 **Roberta Toledo**	
17	NEM *SOFT*, NEM *HARD*, MAS *PEOPLEWARE* 215 **Roberto Alessandro Neif Abdalla**	
18	VÁ APRENDER, PORQUE VOCÊ TEM UM POTENCIAL PARA GRANDES NEGÓCIOS! 227 **Roberto Suga**	
19	FLORESCER: TRANSFORMANDO AUTOSSABOTAGEM EM AUTORREALIZAÇÃO 239 **Simone M. A. de C. Andrade**	
20	TRANSIÇÕES & EXPECTATIVAS 251 **Tobias Maag**	
21	LEMBRANDO QUEM SOU 263 **Vicente Carrari**	

PREFÁCIO

Diante do fascínio que nos proporciona a inteligência artificial generativa, a queridinha do pedaço, é fácil esquecer de uma coisa: no fim das contas, ainda somos humanos, não máquinas. É o que nos lembra *Histórias que transformam*, de Rebeca Toyama, autora, organizadora e inspiradora deste livro. Foi ela quem me propôs o desafio de preparar o leitor para o conteúdo a seguir. Talvez tenha pensado que este papel era perfeito para um jornalista que, há 13 anos, se dedica a entrevistar gente no Mundo Corporativo, um dos programas de rádio que apresento. Faz sentido!

O que Rebeca não deve ter considerado é que, em seis décadas de vida, testemunhei a evolução tecnológica, desde computadores do tamanho de um elefante até os que cabem em um relógio de pulso. De verdade, nas minhas primeiras aventuras de redação, só existiam máquinas de datilografia. Porém, assim que as traquitanas digitais apareceram, foi amor à primeira vista.

Este livro é um lembrete, talvez até um puxão de orelha carinhoso, de que por mais que a IA nos fascine com sua capacidade de processar informações e aprender (ou fingir que aprende, ainda estou em dúvida), ela ainda não consegue tomar um café pensando na vida ou sentir aquele arrepio quando escuta uma boa música.

Imagine só uma IA tentando escrever um prefácio. Possivelmente, ela seria eficiente, mas duvido que conseguisse capturar a ironia de um fracasso ser o impulsionador de um sucesso ou de a alegria estar depositada no reencontro com a vida depois de tantos desencontros. As histórias neste livro são sobre isso: o imprevisível, o emocional, as contradições, a superação, o profundamente humano.

À medida que avançamos nas páginas, é como se estivéssemos fazendo uma viagem pelas conquistas e desafios do mundo corporativo e, também, pela essência do que nos torna gente. E não se engane, essa viagem tem seu quê de humor, porque, afinal, se não pudermos rir de nós mesmos e das situações que enfrentamos, o que restará?

Em *Histórias que transformam*, somos apresentados a um mundo em que o fator humano é o que realmente faz a diferença. Então, prepare-se para uma leitura que ilumina os recantos escondidos da experiência do ser e celebra nossa incrível capacidade de rir, chorar, amar e, acima de tudo, transformar.

Mílton Jung
jornalista, palestrante e escritor

INTRODUÇÃO

Superar limites e construir novos horizontes

Esta coletânea nasceu da vontade genuína de compartilhar histórias de pessoas normais, que, a partir da superação de suas feridas, se transformaram e estão transformando o mundo. Tudo começou em 2023, por ocasião da retomada das conferências anuais da ACI (Academia de Competências Integrativas), após a interrupção demandada pela pandemia de covid-19. Desde o início, nossas conferências anuais têm o foco de mostrar os impactos de nossa metodologia, por meio dos trabalhos desenvolvidos pelos alunos da ACI. Dessa vez, porém, quisemos fazer algo diferente, ao expor as histórias de nossos clientes, reforçando nossa crença sobre a importância do papel do ser humano na construção de um mundo melhor.

Assim, convidamos nossos clientes – alunos, líderes, coachees e mentorados – para que trouxessem suas "histórias transformadoras", as quais seriam apresentadas diretamente por eles, no palco. Nosso intuito, por questões de tempo e espaço, seria apresentar apenas dez histórias. No entanto, como ocorre quando temos uma qualidade de projetos excepcional em mãos, acabamos recebendo muito mais relatos do que poderíamos apresentar naquele evento.

Bem, o que fazer? Selecionamos (com muita dificuldade, diga-se) dez histórias, e seguimos com a conferência, que recebeu o nome de "Histórias que Transformam".

As histórias, como muitos presentes na ocasião testemunharam, foram muito impactantes. A plateia lotada se envolveu e se sensibilizou bastante. E foi justamente a percepção de como aquelas histórias mexiam com as pessoas que nos motivou a organizar este livro. Afinal, ao longo dos anos criamos centenas de histórias de sucesso com nossos clientes e alunos. Portanto, a edição deste livro seria a oportunidade ideal para reunirmos algumas delas. Com isso poderíamos eternizar experiências e promover transformação social por meio de histórias pessoais inspiradoras, como as que você vai ler nos próximos capítulos.

Para nossa surpresa, e na condição de organizadores, aquele impacto que observamos no evento da ACI, no ano passado, se reproduziu agora, ao lermos os capítulos aqui reunidos. São histórias de lutas, de desafios, de perseverança. De líderes que, diante de suas dores, podiam simplesmente desistir e abandonar o barco, mas escolheram buscar novos patamares, mudar suas vidas e reinventar suas trajetórias.

É nesse sentido que este livro se torna uma inspiração poderosa para aqueles que ainda hesitam ou se sentem intimidados em mudar o curso de suas vidas.

As histórias aqui relatadas desafiam a noção convencional de que a partir de um determinado ponto na vida (ou de uma condição econômica ou social) estamos fadados a desistir de nossos sonhos e propósito – mesmo quando sentimos uma pulsão para novos saltos.

Este era o caso de alguns dos autores e autoras desta coletânea. Pessoas que conseguiram se reerguer, enfrentando adversidades de toda ordem (física, material ou emocional). Ou que tiveram de reavaliar suas trajetórias, em decorrência de algum imprevisto ou fatalidade, ressignificando assim suas carreiras e negócios. Ou ainda, na luta contra a discriminação e estigmas, precisaram superar barreiras e preconceitos, acreditando na equidade, na diversidade e no respeito mútuo.

Muitas vezes, a estagnação na carreira, os desafios profissionais ou os percalços de uma vida familiar complicada nos impactam de tal forma que passamos a acreditar que nossas chances de vitória são mínimas. No entanto, o que as histórias que vamos ler nos mostram é que, sim, é possível mudar, e ter sucesso!, quando encontramos o nosso propósito. Esta é a chave que nos permite empreender uma transformação significativa – em nós e naqueles que nos rodeiam.

Além do êxito que vamos ver, essas histórias nos ensinam o que significa resiliência, e como podemos perseverar e potencializar nossa capacidade de aprendizado – aspectos que transcendem toda e qualquer barreira que poderia impedir a construção de uma história de sucesso.

A perspectiva que se engendra a partir da leitura deste *Histórias que Transformam* desafia estereótipos e convenções. Conhecer os exemplos inspiradores de líderes que decidiram reposicionar suas carreiras e reinventar-se profissionalmente é um forte incentivo para que possamos explorar nossa missão, investir em novos aprendizados e considerar caminhos que tragam significado e satisfação para nossa vida.

Na verdade, é o que temos feito ao longo de todos estes anos: transformar propósitos em carreiras e negócios, ajudando nossos clientes a criar histórias de sucesso.

Nós, da ACI, agradecemos a cada um dos autores presentes nesta coletânea por sua participação, empenho e generosidade. A contribuição de vocês não se restringe ao capítulo aqui apresentado; na verdade, cada capítulo é um novo horizonte para o leitor, o qual, tenho certeza, poderá se inspirar e transformar sua própria vida a partir das histórias aqui relatadas.

Boa leitura.

Rebeca Toyama

01

ACI, UMA HISTÓRIA EM TRANSFORMAÇÃO

Neste texto, Rebeca Toyama narra a trajetória da ACI – Academia de Competências Integrativas –, desde sua concepção até os dias atuais. CEO e fundadora, Rebeca compartilha sua jornada de transformação, destacando a abordagem prática da ACI, o sucesso de suas formações (de *coaches*, líderes e mentores), e sua contribuição para a valorização do desenvolvimento humano no ambiente corporativo.

REBECA TOYAMA

Rebeca Toyama

Rebeca Toyama, líder nata, destaca-se por uma trajetória única no mundo corporativo e no empreendedorismo. Ao longo do caminho, acumulou formações diversificadas. É administradora, mestre em Psicologia Clínica pela PUC-SP, tem um MBA em Marketing e especialização em Psicologia Transpessoal, Eneagrama, Governança Corporativa e Yoga. É figura proeminente no desenvolvimento humano, ao atuar como palestrante, mentora, professora universitária, orientadora e pesquisadora. Rebeca criou um método próprio para desenvolver integralmente o ser humano, o que a levou a fundar a ACI – Academia de Competências Integrativas. Por meio da empresa, oferece diversas formações, ajudando líderes e empresários a desenvolver o melhor de si, promovendo o equilíbrio entre uma carreira saudável e resultados excepcionais, utilizando uma abordagem prática e transformadora. Como uma Liderança de ImPacto do Pacto Global da ONU no Brasil e porta-voz da ODS8, Rebeca prega e vive o propósito de uma liderança sustentável, o que a torna uma figura inspiradora e influente no cenário nacional e internacional. Tem vários artigos publicados, é coautora de diversos livros e autora do bestseller *Carreira Saudável* e organizadora desta coletânea.

Contatos
www.academia-aci.com.br
rebeca@academia-aci.com.br
Instagram: @rebecatoyama
LinkedIn: rebecatoyama/

> *"Honrar o que veio antes,
> definir o que vem depois,
> para que, no presente, se possa
> fazer a ponte entre esses
> dois mundos"*
> Rebeca Toyama

Acredito que somos movidos por um propósito maior, que nos faz caminhar na direção de novos horizontes e oportunidades. Quando não somos capazes de entender esse propósito, a vida vai encontrar uma forma, nem sempre confortável, de nos fortalecer e de nos impulsionar na direção de nossa missão.

A ideia dessa frase reflete a idealização da ACI — Academia de Competências Integrativas. E também os movimentos e o alcance da empresa ao longo do tempo. Não começamos da noite para o dia, é claro. A ACI é fruto de um longo processo de crescimento, desconfortos, inconformismo e superação de desafios. Em certo sentido, reúne os aprendizados que tive nas empresas que a antecederam, representando o amadurecimento do meu propósito, que consiste em uma inesgotável vontade de ajudar pessoas e empresas em suas trajetórias, e de construir um legado sustentável, que possa ser transmitido ao longo do tempo.

Os primeiros insights da ACI apareceram em diferentes situações em minha vida. Porém, foi na Volkswagen, minha última etapa dentro no mundo corporativo, que nasceu uma vontade consciente de mudar a realidade do mundo do trabalho. As razões eram muitas. Ao longo da minha carreira, e nas várias empresas por onde passei, cansei de ver pessoas adoecendo, ou se sentindo insatisfeitas por trabalharem tanto tempo em áreas ou negócios que nada tinham a ver com o que queriam fazer. Situações assim estimulam ambientes tóxicos, acirram a competitividades desleal e geram tristeza, fracasso e desmotivação, impactando inclusive a saúde física e mental dos profissionais e de suas famílias.

Isso ocorre porque o mundo dos negócios acaba valorizando três P's: Processo, Produto e *Profit* (ou lucro), em detrimento de um quarto P, o de Pessoas — a meu ver, o mais importante, pois, sem exceção, as empresas trabalham para e com pessoas. Por mais que a tecnologia venha ocupando seu espaço nas empresas, o ser humano continuará sendo primordial no mundo dos negócios, seja como colaborador, líder, acionista, cliente ou concorrente.

Em 2008, pouco antes de eu me desligar da VW, quando eu me aproximava da Psicologia Transpessoal, eu encontrei muitas respostas e soluções, porém, naquele momento, não achei espaço para aplicá-las. Para uma multinacional alemã, e para tantas outras empresas ao redor do mundo, processo, produto e *profit* estão sempre à frente das pessoas.

Quando percebi que não seria possível mudar a prioridade daqueles P's, preferi pedir demissão, pois acreditei que seria mais fácil seguir dentro do meu propósito fora da empresa.

O Jardim do Ser

Era tamanha a minha busca por respostas que comecei a ser procurada por alguns profissionais e empresas, mesmo antes de ter saído da VW, para compartilhar as respostas que vinha encontrando e propor soluções a novos e velhos problemas. Eu comecei atendendo à noite, e fazia treinamentos para grupos e empresas aos sábados e domingos.

Até chegar ao ponto no qual eu tive que fazer uma escolha. Eu estava pronta para investir no meu propósito, e isso representava deixar de lado toda a segurança de trabalhar em uma multinacional. E assim nasceu o Jardim do Ser. A empresa ficava em um casarão na Vila Mariana, em São Paulo (SP), e abrigava também a Universidade Internacional da Paz, a Unipaz-SP, e a Alubrat (Associação Luso-Brasileira de Transpessoal).

O nome nasceu por conta do belo jardim que o imóvel possuía. Muitas pessoas me procuraram para saber o que tinha acontecido para eu ter saído da VW, e eu as convidava para tomar um café comigo naquele espaço. Elas saiam encantadas com o café e com as conversas que tínhamos ali — afinal, aquele era um espaço criado para cuidar e desenvolver seres humanos.

No começo, uma coisa ficou clara: eu não queria atender empresas. Toda a minha atenção se voltava para seres humanos. Só que cada pessoa que eu atendia trazia consigo a sua empresa ou o seu negócio. Eles então me pediam para conhecer o lugar onde trabalhavam, para ajudá-los a repensar sua estratégia de pessoas e formação de líderes.

Como recusar?

Essa decisão fez com que eu tivesse que contratar mais pessoas para atender novas demandas. As conversas, a princípio informais, se estruturaram, e passamos a atender pessoas e empresas, com muitos trabalhos de coaching, que era como viam a nossa atuação. Isso fez com que eu incorporasse em minha abordagem uma série de estudos sobre coaching, uma ferramenta poderosa, com possibilidade de ótimos resultados na vida das pessoas e dos negócios, muito embora, a maioria das abordagens sejam mal aplicadas até hoje.

Esse era outro dilema: reclamar da bagunça no mercado de coaching, continuar criticando ou mudar a chave e propor algo novo?

Optei pelo segundo caminho, que é o que faço quando fico entre a rabugice e a possibilidade da ação.

ICI - Instituto de Coaching Integrativo

Vale dizer que antes dessa fase, a empresa era muito centrada na minha pessoa. Se, por acaso, eu não estivesse aqui amanhã, todos esses estudos, pesquisas, a metodologia, tudo desapareceria. Ou seja, esta parte de meu legado corria o risco de não acontecer.

Eu chamei um amigo querido, o Flávio Del Fiol, engenheiro com perfil bastante analítico, e pedi que aplicasse aquelas ferramentas que eu havia desenvolvido em três pessoas. A ideia era saber se o processo, do jeito que era aplicado, era um dom meu intransferível, ou era uma metodologia que poderia ser ensinada. O trabalho foi feito com três jovens. Um deles era um rapaz humilde, de origem simples, chamado Francisco. Nós o acompanhamos ao longo destes anos, e temos celebrado todas as conquistas, planejadas ou não, durante o processo com o Flávio. Hoje ele mora fora do país, e sempre que falo com ele, fico feliz em observar o quanto cresceu e continua crescendo. O processo potencializou o seu talento. Em outas palavras, tínhamos uma metodologia poderosa nas mãos, que poderia ser replicada para outras pessoas.

A partir desse ponto, estruturei a minha primeira formação em coaching, que passou a ser oferecida pelo ICI - Instituto de Coaching Integrativo. Para formar essa turma, eu contei com o apoio da Alubrat e com a parceria do Luiz Carlos Garcia, psicólogo e *coach*. Essa formação foi um divisor de águas. A turma era bastante diversificada, dinâmica e com ótima capacidade de entrega e coragem. Afinal aquela era uma metodologia nova. Tínhamos diferenciais bastante atrativos, que ainda mantemos, como um cunho prático, diferente das demais formações do mercado, que costumam ser teóricas. As turmas eram pequenas, para que pudéssemos acompanhar de perto o aprendizado de cada aluno. E o enfoque centrava-se no ser humano, com o objetivo de criar profissionais de excelência para o mercado e não apenas para vender uma formação para várias pessoas, com a promessa de riqueza do dia para noite.

Isso nos ajudou a formar a equipe do próprio Jardim do Ser. Pois até hoje continua sendo um desafio encontrar mão de obra qualificada. Mas como a nossa formação já habilitava a pessoa para iniciar suas atividades, passei a formar os nossos próprios profissionais, convidando os melhores alunos para trabalhar comigo.

Nesse ponto, o trabalho ganhou um desdobramento. Depois da formação, tínhamos a responsabilidade de cuidar e acompanhar essas pessoas no mercado. Porque apesar de terem nas mãos uma ferramenta poderosa, nem todas tinham noção de como atuar ou de como viver daquela atividade. Esse foi o começo do nosso trabalho de mentoria, que consistia basicamente em acompanhar essas pessoas, orientá-las, dar apoio e, sobretudo, nos colocarmos como ponto de referência em momentos críticos.

Por conta de minha gravidez de risco, a operação do ICI foi interrompida assim que concluímos a turma alpha, nome carinhoso que demos para a primeira turma.

ACI – Academia de Coaching Integrativo

Davi tinha 45 dias quando voltei a atender as pessoas e empresas que aguardaram a conclusão da minha gestação. Em 2014, retomamos a formação profissionalizante, e o ICI passou a se chamar ACI - Academia de Coaching Integrativo. Era o início da consolidação da nossa expansão. Além de São Paulo, formamos algumas turmas em Curitiba e Manaus.

Esse período foi bastante movimentado, com várias experiências e parcerias. Uma delas, em particular, e da qual tenho especial lembrança, foi a entrada na empresa do Denis Fred Benzecry, meu marido, que passou a ser meu sócio — como ele conta no capítulo dele, nas próximas páginas.

Nesta fase, também me reaproximei do mercado financeiro, onde havia iniciado minha carreira no início dos anos 1990. Minha intenção foi buscar soluções para a indisciplina financeira dos nossos clientes, mas descobri que nosso conhecimento sobre comportamento humano poderia contribuir muito com os desafios que profissionais e instituições dessa área vinham enfrentando. Desse meu reencontro com o mercado financeiro surgiram cursos, treinamentos e até um módulo de MBA.

O mundo tem mudado cada vez com mais velocidade e intensidade. Nesse sentido, nossa aproximação com o mundo acadêmico, somado a todas as formações ministradas e pessoas e empresas atendidas, têm garantido a atualização e o aprimoramento contínuo da metodologia. Um exemplo desse esforço foi a inclusão do módulo de empreendedorismo — no qual os formandos precisavam entender que, para além da transformação e satisfação pessoal que a formação gerava, aquilo também era um negócio, e precisava ser tratado como tal. Nesse módulo mostramos a importância das informações e conhecimentos relacionados a mercado, concorrência, cliente, comunicação etc. Ensinamos as pessoas a compreender essa lógica e como transformar um propósito em um negócio.

Não apenas na formação da ACI, mas em todos os nossos projetos com pessoas e empresas, o R.E.I.S. (Razão, Emoção, Intuição e Sensação) é um dos principais diferenciais. A maior parte das metodologias compreende o ser humano de forma desintegrada, ignorando que a forma de pensar e sentir também se refletem nas questões objetivas e subjetivas. Na ACI, levamos pessoas e negócios a serem integrativos, honrando assim o "I" do nosso nome. É por meio dessa integração que conseguimos mudar o comportamento e desenvolver competências.

Um ponto que vale destacar como chave do sucesso da nossa metodologia é a possibilidade de aplicação imediata dos conceitos. Afinal, adultos aprendem com a prática. E esse é um dos diferenciais dos nossos treinamentos. Para se certificar na nossa formação profissionalizante, o aluno precisa fazer um estágio e atender uma pessoa, pois é o impacto desse atendimento que irá definir se ele está preparado ou não para aplicar a metodologia. Esse é um aspecto fundamental no aprendizado. Por isso nossa formação contempla três contextos: o prático (70%), o teórico (20%) e o feedback (10%). Este último acontece quando o aluno apresenta o seu estágio supervisionado e o seu plano de negócios para uma banca formada por profissionais experientes na área de desenvolvimento humano (consultores, executivos de RH, empreendedores, mentores e coaches com atuação consolidada).

Quando atendemos empresas, balanceamos o plano de treinamento considerando esses mesmos percentuais. Nossos clientes já sabem que ninguém ficará parado apenas escutando, muito pelo contrário, é mão na massa 70% do tempo para que todos aprendam como aplicar a teoria. Quando atendemos pessoas, reproduzimos esse mesmo impacto. Hoje, a ACI possui centenas de ferramentas que promovem a experiência prática, garantindo o aprendizado e o desenvolvimento dos participantes, como você poderá ver em cada uma das 20 histórias deste livro.

ACI – Academia de Competências Integrativas

Em 2019, pouco antes da pandemia de Covid-19, mudamos o nome da empresa para o atual ACI — Academia de Competências Integrativas. Isso porque a nossa metodologia não se restringia, e nem se esgotava, no coaching. O trabalho era mais amplo, com a formação de mentores e líderes, com uma dinâmica que transcendia os quesitos do coaching. Foi por essa época que recebemos Marcela Melo e Fernanda Höenen como sócias — você poderá saber mais sobre a Marcela no capítulo dela. Ambas participaram ativamente no processo de ajustes e do novo posicionamento da ACI. Pouco depois, a Fernanda deixou a empresa, e permanece como uma amiga querida até hoje.

E então veio a pandemia. A inauguração do novo escritório que iríamos abrir na avenida Faria Lima, em abril de 2020, nunca aconteceu. Estávamos com uma turma de formação pronta para iniciar, mas fomos obrigados a suspendê-la, em razão das restrições e do isolamento social. Eu sugeri aos alunos devolver o investimento feito e cancelarmos o trabalho, ou, se preferissem, que nos dessem duas semanas para reorganizar a empresa e remontar o curso em um formato on-line ao vivo. Não houve desistência. Fizemos toda a formação de forma virtual, com uma turma dedicada, que serviu como rede de apoio para todos os alunos e pessoas que foram atendidas durante os estágios supervisionados.

Além do trabalho com essa turma, ajudamos muitas empresas a superarem seus desafios naquele momento crítico. Fizemos ainda um trabalho voluntário, semanal, chamado "Isolados, mas não Solitários", com encontros on-line para conversar com pessoas sobre aquele momento de angústia, de apreensão e solidão. Foi um trabalho importante, de solidariedade e de novos aprendizados.

Os dias atuais

A pandemia despertou em mim a responsabilidade de fazer da ACI algo muito maior do que ela vinha sendo. Fiz dela uma signatária do Pacto Global da ONU, e no ano seguinte, na condição de CEO, fui selecionada pela ONU como uma Liderança de Impacto, me tornando porta-voz da ODS 8 (Objetivo de Desenvolvimento Sustentável — trabalho decente e crescimento econômico), dentro da Agenda 2030.

No final de 2022, durante nossa confraternização de final de ano, assumimos o compromisso público de impactar em dois anos o mesmo número de pessoas que impactamos em 20 anos. Em julho de 2023, retomamos a conferência anual da ACI, que recebeu o nome de "Histórias que Transformam". Para essa conferência, selecionamos entre nossos clientes — alunos, líderes, coachees e mentorados — dez histórias transformadoras. Recebemos mais candidatos do que cabia no evento. O impacto da presença daquelas pessoas me motivou a organizar este livro, cujo objetivo é eternizar experiências e promover transformação social por meio de histórias pessoais inspiradoras, as quais você, leitor, irá ler nos próximos capítulos.

Escrevi uma breve apresentação para cada autor, contando como o conheci, qual a sua relação com a ACI e a motivação de minha escolha. Não foi simples e nem fácil escolher entre nossos coachees, mentorados, alunos e líderes formados. Afinal, foi tanta gente incrível que passou por aqui! Por isso sou muito grata pela ACI representar o meu propósito de vida, e por ela contribuir com a jornada profissional de tantas pessoas que estão transformando o mundo por meio de seus talentos e valores.

Temos planos ousados para 2024. Em razão da expansão da ACI, decorrente do crescimento da demanda por líderes e especialistas em desenvolvimento humano dentro e fora das empresas, criamos uma comunidade para reunir os melhores profissionais que formamos para expandir os valores e a metodologia da ACI.

Espero que você mergulhe nestes relatos e os leve como inspiração para a sua própria jornada. Tenho certeza de que você saberá extrair preciosas lições de cada um deles.

GESTAÇÃO

Mulher, empresária, consultora de sustentabilidade e mãe, Amanda lidera uma equipe com mais de 50 pessoas em busca da promoção da sustentabilidade empresarial no Brasil. Nessa história, o crescimento pessoal e o profissional apresentam-se em duas perspectivas entrelaçadas, com desafios superados e decisões tomadas que impactaram e impactam futuros.

AMANDA MENEZES SCAFF

Amanda Menezes Scaff

Sou uma mulher branca, lésbica, umbandista, mãe, formada em Psicologia Transpessoal pela Alubrat, em Coaching Integrativo pela ACI e em Ciências Sociais pela PUC-SP, com formação em Diversidades, Inclusão e Direitos Humanos pela USP, mas nenhum desses títulos me define, e sim a somatória de todos eles. Sou uma profissional e pessoa transdisciplinar e holística. Durante minha carreira tive diversas experiências em áreas diferentes em grandes agências de comunicação. Desde 2013, sou sócia da Ricca Sustentabilidade, uma consultoria que apoia grandes empresas do Brasil na sua jornada pela sustentabilidade. Acredito no poder da troca e na somatória das diferentes pessoas e ideias. Adoro conversar!

Contatos
amanda.scaff@riccari.com.br
Instagram: @amanda.scaff | @riccasustentabilidade

Amanda Scaff foi minha aluna na pós-graduação de Psicologia Transpessoal na Alubrat (Associação Luso-Brasileira de Transpessoal), e também aluna aqui na ACI, na nossa formação profissionalizante. Ela tem um olhar profundo e uma intensidade suave em suas colocações, particularmente quando o tema é sustentabilidade empresarial.

Certo dia Amanda me chamou dizendo que precisava de um olhar meu na empresa dela, a Ricca. Foi um trabalho intenso, imersivo, porque a empresa da Amanda está entrelaçada com sua vida pessoal. Eu fiz esse processo com ela, Amanda, e com os seus dois sócios na época. Uma das sócias, Isabela, era companheira da Amanda.

No trabalho que fizemos, lembro-me de que planejamos o casamento delas e a possibilidade de filhos e, evidentemente, a trajetória e o crescimento da empresa. Isso foi em 2017, antes da pandemia de covid-19.

Recentemente, ela me ligou dizendo o que tinha acontecido desde então. Casou-se com Isabela, em uma cerimônia linda, teve duas filhas gêmeas, Aurora e Serena, e sua empresa quadriplicou de tamanho. Iniciamos um novo ciclo de trabalho na Ricca, agora focado na formação de líderes e implantação de governança. Uma estrutura que sustente as perspectivas de crescimento, sem perder o olhar humano integrado aos resultados e a qualidade de entrega presentes desde o início da empresa.

A Amanda está nesta coletânea por ser um exemplo de resistência, de alguém que acredita e luta por um mundo sustentável, que prega diversidade, impondo-se sendo quem é, com competência, coragem e consciência quanto ao impacto social e transformador de suas propostas.

Amanda Menezes Scaff

São inúmeras as etapas a superar para uma vida acontecer. Aquilo que muita gente acredita ser natural ou obra do acaso é uma infinidade de decisões em uma esfera celular, mitocôndrica, divina, que molda o trajeto da vida.

Quem decide? Todas as partículas atômicas envolvidas, e nós. Foi assim com minha gestação, é assim na minha empresa.

Quando cheguei na Ricca, em 2013, a empresa tinha três anos de atividade em um mercado bem diferente. Hoje, quando falamos de sustentabilidade empresarial, são poucas as pessoas que não entendem a importância do tema. As gerações que nasceram nesse século já herdaram o conceito da sustentabilidade em sua essência, ainda bem. Há dez anos, não era assim.

Na cultura empresarial aqui no Brasil, pairava uma ideia de que sustentabilidade era alguma coisa restrita ao plantio de árvores ou responsabilidade social. Soma-se a isso um ambiente corporativo pouco receptivo a escutar opiniões de duas mulheres jovens, eu com 30 anos, e minha sócia Isabela, com 26 anos.

Enfrentamos muitos desafios e, por diversas vezes, precisamos convocar nossas forças para vencer as barreiras do etarismo: éramos muito jovens para ensinar ou saber alguma coisa; e do machismo: a expectativa dos clientes era de conversar sempre com o "nosso chefe", um suposto homem cis, hétero e grisalho, inexistente em nossa estrutura empresarial.

Mesmo sendo duas mulheres adultas, com estrada percorrida, cheias de bagagem, liderando uma empresa, atendendo a clientes referência em diversos setores, ouvíamos com frequência: olha lá as menininhas da Ricca. Muitas vezes isso soava (e soa) como carinho e era (e sempre será) retribuído, mas muitas vezes não. Éramos "as menininhas bonitinhas e fofinhas que vieram falar para a gente ser mais verde. Que horas essa reunião termina?".

Comecei falando de gestação e das inúmeras barreiras impostas pela vida desde a concepção da nossa primeira célula, porque sei que o que faz a diferença são as decisões que tomamos. Ao que se prestam cada uma dessas decisões? A que tipo de vida? Como uma célula que pode ter no seu núcleo o propósito de fazer uma mitose e ser uma coisa, ou uma meiose e ser outra, quando intencionamos agir conectados a um propósito, essas decisões podem nos aproximar ou nos afastar disso. Venho aprendendo com o tempo.

A cada vez que confrontei uma atitude de desrespeito ou preconceito sobre ser mulher ou ser muito jovem, em um contexto empresarial, tomei uma decisão. Apeguei-me ao propósito, ao motivo de estar ali prestando aquele papel, me empoderei do meu lugar naquela relação, como consultora, contratada pela empresa para fornecer um serviço do qual a empresa precisa, entendendo as limitações do outro e me colocando. Não foi fácil.

Se hoje a Ricca é uma empresa reconhecida no nosso setor, é porque nós sempre escolhemos nos colocar, não foi ao acaso. Foi preciso decisão, esforço e atenção.

Eu já estava há dois anos na Ricca quando, em 2015, fizemos um movimento em direção ao nosso propósito como empresa. Qual era nosso desejo de construção? Mais uma vez a vida demandava movimento e direção. Eu mergulhei fundo no entendimento do nosso contexto, do cenário do nosso mercado e da nossa perspectiva de futuro: vida!

Não mero acaso, mais adiante resolvemos rever nossa marca e assumir nosso nome: Ricca Sustentabilidade (antes éramos a Ricca RI). Foi nesse ponto do universo que a gente decidiu se fixar, nunca estagnar, são coisas diferentes. É a partir de um ponto fixo que o pêndulo se move, já diria Umberto Eco em *O pêndulo de Foucault*. Assumindo esse ponto, partimos em busca de fortalecer nossa imagem, atuação e, principalmente, nossa cultura. Nosso jeito de fazer as coisas.

Por meio do nosso trabalho e da nossa incrível equipe, acompanhei de perto o mercado da sustentabilidade deixar de ser um acessório e passar a ser pauta estratégica nas reuniões do Conselho de Administração das maiores companhias de capital aberto do país.

Tive a oportunidade de entrevistar dezenas de CEOs e diretores executivos de empresas de diversos setores e isso me engrandeceu. Com clientes com os quais criamos e mantivemos um relacionamento duradouro, apoiamos e pudemos acompanhar de perto a construção de negócios mais sustentáveis e geradores de valor para o mundo.

Eu me esqueci de contar, mas me lembrei porque estou contando, que eu e Isabela, meses depois que entrei na Ricca, nos apaixonamos. Nossa parceria profissional agora estava misturada com a nossa parceria de vida. Seguimos casadas, decisão diária. Seguimos sócias, decisão diária. Seguimos empresárias, decisão diária.

Em 2017 me casei com a Isa com um plano comum: abrir espaço em nossa casa e vida para uma criança entrar. Sabia (pensava que sabia) dos novos desafios e o medo do preconceito era muito grande. Eu já me sentia mal com a ideia de ser vista como esposa da minha sócia perante nossos clientes. Sentia de alguma forma que isso invalidaria o meu trabalho e o meu valor. Louco pensar nisso, né? Que seu casamento pode influenciar na forma como você pensa que as outras pessoas te veem? Pode parecer doideira, mas o nome formal disso é preconceito. Muita gente passa todos os dias, e agora, com esse plano de ser mãe, como é que eu ia me esconder?

Eu me casei no ritual da Umbanda, minha fé e religião, com as bênçãos de Oxum, Oxumaré, os Orixás e guias do meu terreiro. Havia 150 pessoas entre amigos e família no meu casamento, pessoas queridas que me abraçaram e me acolheram naquele dia. Mesmo assim, ainda tinha medo da reprovação do outro, de como seria vista no mercado; então, não postei as fotos do meu casamento em minhas redes para me orgulhar daquele momento. Preferi – escolha – me manter escondida.

Alguns clientes mais próximos já sabiam do meu relacionamento, mas eu não falava sobre isso. Nunca dava abertura e recebia do outro lado um silêncio respeitoso, do qual ainda me sinto grata. Mas os tempos estavam diferentes e era necessária uma mudança de postura, de novo, uma decisão.

A Ricca foi convidada, em 2019, por uma grande varejista do setor de moda, para realizar um projeto de estratégia de diversidade e inclusão e sua implementação junto às áreas responsáveis na empresa. Parte desse processo envolvia a realização de *workshops* com as equipes que lideravam o varejo. Com a chegada da pandemia, todo o projeto se deu de modo virtual, e as reuniões on-line eram realizadas com a minha participação e da Isa.

A decisão aqui foi fazer a abertura do treinamento contando em público quem eu era: uma mulher, branca, cisgênero, lésbica e umbandista, sócia da Ricca, consultora de sustentabilidade, diversidade e inclusão, e condutora desse projeto. Essa atitude não só fazia muito sentido com todo o conteúdo do trabalho que seria realizado como me libertou, me empoderou da minha história, mais um ponto de virada que me ajudou no trajeto da vida.

Em 2019, a Ricca tinha dez pessoas. Eu tinha acabado de contratar mais duas pessoas quando a pandemia chegou e não tinha nenhuma ideia sobre como o mercado da sustentabilidade empresarial iria reagir nesse contexto. Como empresária, precisava me preparar para os mais variados cenários dentro da incerteza vigente. Decidimos em março que até setembro, mesmo se não conseguíssemos vender nenhum novo projeto, manteríamos todas as pessoas com a gente na empresa. Era uma decisão viável e possível de sustentar naquele momento.

Entregamos nosso escritório físico, pulverizamos nossos ativos entre nossa equipe e nos conectamos como deu. Tínhamos a crença de que o home office era impossível na nossa área de atuação. Vivemos o home office compulsório e nunca vi as pessoas trabalharem com tanto empenho. A gente aprendeu a viver a uma tela de distância.

O mundo mudou. A pandemia durou uma longa noite e a sustentabilidade e o ESG ganharam muita força no Brasil e no mundo. Nosso setor ebuliu. A agenda ESG é a nova pauta estratégica e as empresas entenderam que é um caminho sem volta. Se antes era preciso convencer CEOs e diretores de que sustentabilidade importa para os negócios, hoje são eles, os CEOs, que estão liderando a pauta dentro das grandes organizações.

Para as novas gerações, trabalhar com sustentabilidade, ESG, está mais fácil. Lá na Ricca temos pessoas muito competentes e bem jovens, como nós fomos, que se sentam para falar com grandes líderes de mercado de igual para igual. Hoje, se ainda sofrem algum tipo de preconceito, estão empoderados e empoderadas a se posicionar, como sempre fizemos.

Uma cliente muito querida lá de Porto Alegre um dia veio a São Paulo para concluirmos juntas um projeto. Na sua passagem pelo aeroporto ela encontrou um presente e nos trouxe. Era um ímã de geladeira que dizia: "Os loucos sempre vão abrir caminho para os normais passarem". Quando leio loucos, traduzo por corajosos, ousados, resilientes. Pessoas que imprimem sua marca no mundo e querem fazer a diferença é que abrem os caminhos para outros passarem. Na pandemia o ímã veio morar na geladeira da minha casa.

Antes da pandemia eu e Isabela estávamos focadas na missão bebê. Para muitas pessoas, a gestação simplesmente acontece. Para outras pessoas, como um casal de lésbicas, por exemplo, o acaso manda lembranças. Eu sempre desejei ter filhos, da forma que fosse, pensava sobre isso desde os meus 17 anos.

Junto com esse sonho, tinha também muito forte o desejo de engravidar, mesmo considerando a adoção como uma opção para realizar o desejo da maternidade.

Em 2020, ano em que eu completaria 37 anos, encontramos na pandemia o ambiente propício para realizar nossa fertilização *in vitro* e torcer para que células, mitocôndrias e o divino operassem em favor das decisões certas que culminariam na chegada de um bebê em nossos braços.

Tive com a Isa duas filhas: Aurora e Serena, minhas preciosidades. Amamentei as duas no meu peito por 1 ano e 8 meses. Isa também amamentou as duas por três meses. Durante esse período da amamentação era comum que eu acordasse no mínimo seis vezes por noite para dar peito e colo. Perto do final da amamentação esse número de vezes caiu para quatro. Foram 600 dias, sem intervalo, amamentando minhas duas filhas, sem dormir direito, sem me cuidar direito. A maternidade foi e tem sido a coisa mais desafiadora que já enfrentei em toda a vida. Senti-me sozinha, impotente, fraca, tive medo, sou constantemente assaltada por dúvidas sobre estar ou não fazendo a coisa certa e sou obrigada e desafiada a tomar decisões, minúsculas e enormes, todos os dias, que impactam a vida de pessoinhas tão pequenas e indefesas.

Embora esteja falando das minhas filhas, na empresa também é assim. Decisões diárias de variados tamanhos precisam ser tomadas para o negócio fluir, e algumas dessas decisões também impactam a vida de pessoas. Voltei ao trabalho ainda em home office quando minhas filhas tinham sete meses. Cheguei a pensar, nesse momento, que nunca mais conseguiria sair de casa, acreditava que ser mãe era estar ali, 24 horas, a serviço da cria. Tem gente que trata o trabalho e a maternidade assim, entendo e respeito, eu já fiz isso comigo, mas recomendo revisar seus conceitos. Isso não é sustentável no longo prazo.

Amanda Menezes Scaff

Nesse meio-tempo, durante e pós-pandemia, a Ricca cresceu. Foi preciso contratar mais pessoas, lidar com mais clientes, mais desafios organizacionais, mudanças constantes nas diretrizes com as quais trabalhamos e um mercado ávido por entregas, mais e melhores. Sonho de todo empresário? Sim! Sonho de toda mãe exausta? Nem tanto. Como sócia da Ricca e como mãe, eu só pensava em rede de apoio. Mas o que é a rede de apoio se não as pessoas que estão do teu lado te fortalecendo todos os dias? Em uma empresa ela pode ser o Conselho, um outro player do setor que se senta junto para fazer um *benchmarking*, uma consultora que troca trazendo suas experiências, uma colaboradora que, imbuída do seu potencial, cria uma solução nova para um velho problema. Na maternidade, podem ser os avós, tias e tios, babá, vizinhos, escola, amigos.

Rede de apoio somos nós, pessoas nos relacionando umas com as outras. Deixando de ser uma célula individual e se conectando com o todo. Em sustentabilidade e ESG é cobrado das empresas que dialoguem com seus públicos de relacionamento. Por que é sustentável ouvir e se relacionar, trocar com quem está à sua volta? Uma empresa, assim como uma pessoa, não se desenvolve sozinha; o ser humano, por princípio, aprende vendo os outros fazerem. O que a gente faz tem impacto nas outras pessoas. Nossas decisões importam; enquanto células, vamos reproduzir e multiplicar nosso potencial? Com qual célula nova vamos nos conectar para formar essa vida? E qual vida?

Hoje minha empresa tem mais de 50 pessoas trabalhando pelo mesmo propósito. Todos os dias escolhemos trabalhar com clientes, empresas que têm potencial de impactar o mundo para o bem. Nosso foco é nas pessoas dentro das empresas, queremos nos conectar com elas, construir coletivamente, colocar a cabeça para pensar junto. Transformar o mundo.

Gestar uma, ou duas, ou dez crianças, pode parecer simples quando olhamos em um álbum de fotos. "Passa tão rápido...", ouvimos e sentimos. Realmente passa, mas no nível nuclear, onde nosso tempo concebido na racionalidade não tem a menor ingerência, passa o infinito, incontável, inefável. Já esse nosso mundo futuro que queremos gestar juntos é urgente. Nós somos as células que operam essa construção. Vamos nos unir para traçar a vida comum que desejamos ter? Ou vamos perecer?

Essa vida aqui, a minha, veio para isso e busca isso: a união celular que propicia gestar o futuro possível. A Ricca é uma extensão da existência disso no mundo. Minhas filhas e seus filhos – e os demais filhos do mundo – são potencial, e você também.

Sejamos potencial sustentável enquanto ainda somos.

PONTES PARA A VIDA

Muitos dedicam tempo buscando o sentido da vida no porquê nascemos. O sentido da vida está no porquê vivemos. A vida nos dá respostas o tempo todo. Basta interpretarmos nossas dores. Aceitei meu propósito de vida aos 38 anos. Gravei no corpo para nunca mais esquecer de onde vim, para onde vou e, principalmente, onde estou: construindo pontes para a vida.

CARLOS CASTRO

Carlos Castro

Fundador e CEO da fintech e plataforma de saúde financeira SuperRico. Engenheiro com pós-graduação em Administração e Marketing pela FGV e Finanças pelo Insper. Especialista em Negócios Internacionais pelo MIT (Massachusetts Institute of Technology) e Exponencial Thinker pela Singularity University. Membro global do Abundance 360 para experiências com tecnologias emergentes. Membro do G100®, grupo de estudos para discussão sobre o desenvolvimento econômico no Brasil. Contribuidor nas comissões e trabalho *pro bono* na Planejar (Associação Brasileira de Planejamento Financeiro). Já corri mais de 50 maratonas (42 km) pelo mundo e sou ultramaratonista amador na distância de 90 km.

Contatos
www.superrico.com.br
carlos.castro@superrico.com.br
Instagram: carloscastro.cfp
LinkedIn: carlos1castro

Minha primeira lembrança do Carlos foi durante uma aula que eu estava ministrando numa formação de planejadores financeiros, na qual notei que ele se mostrava sempre muito participativo e colaborativo. Lembro-me também dele apresentando uma ideia para uma banca avaliadora da qual eu fazia parte; e, confesso, não dei muita importância ao seu projeto naquele momento.

Algum tempo depois, aquela boa ideia que tinha tudo para não sair do papel se converteu em uma das maiores iniciativas de planejamento financeiro do Brasil. E já mudou a vida de milhares de pessoas. Nesse meio-tempo, aproximamo-nos bastante, por conta de alguns projetos profissionais em que estamos envolvidos juntos. Seu desempenho e sua paixão por corrida fez de Carlos uma inspiração para mim. Comecei a correr na pandemia por falta de opção e em 1 ano fiz minha primeira São Silvestre, em 2 anos participei de minha primeira meia-maratona, no Rio de Janeiro.

Apesar da imagem de executivo e empreendedor bem-sucedido, foi há pouco tempo que conheci com detalhes as origens e a trajetória do Carlos. E isso é bastante significativo, porque contrasta, e muito, com o sucesso que ele alcançou. Carlos é daquelas pessoas que tinham tudo, em nossa sociedade, para não dar certo. Veio de uma família humilde, levou pancadas às quais poucos sobreviveriam, mas conseguiu superar todos esses desafios.

Sua história é exemplo de resiliência e transformação. Com certeza quem o vê sempre sorrindo e esbanjando gentileza não imagina como a vida forjou o CEO da SuperRico.

Rebeca Toyama

> *"E não somente isto, mas também nos gloriamos nas tribulações, sabendo que a tribulação produz a perseverança; e a perseverança, a experiência; e a experiência, a esperança."*
> Romanos 5:3-5

A tribulação

Observava a Renata sentada no sofá, acariciando a Gabriela, que crescia em sua barriga. Havíamos acabado de nos mudar para a casa que sempre desejamos e que pudemos influenciar para que a arquitetura fosse acolhedora para a família que crescia inesperadamente. A casa era cercada de muito verde, com todos os tipos de visitantes da natureza, com a frequente cantoria dos pássaros intercalada com o grito de fome por bananas dos micos. Naquela manhã, no entanto, tudo era silêncio, que, subitamente, foi rompido unicamente pelo sussurro da dor incessante e anormal que a Renata sentia e que nos fez sair em disparada para o hospital, de onde não sairíamos com vida.

Com a progesterona da gravidez de cinco meses, um câncer agressivo de mama evoluiu muito rapidamente, acometendo a mãe e sem a possibilidade de tratamento viável que não prejudicasse a filha. Uma junta médica se formou em torno de mim, com documentos para serem assinados que versavam sobre a decisão que teria de tomar. Para que fosse possível salvar a Renata, era preciso interromper a gravidez. Se mantivéssemos a gravidez, haveria a chance de a Gabriela sobreviver sem a mãe que não suportaria o parto. O anestesista me deu uma caneta com a qual assinei o documento com a escolha mais difícil de minha vida. Foi a última vez que a palavra "controle" fez parte de meu repertório construído pela minha formação cartesiana de ver o mundo.

Nós três estávamos há três meses hospitalizados juntos. De vez em quando, via os jogos das Olimpíadas de 2008 na TV que era a única janela que tinha para o mundo. Me interessava pelo atletismo, mais precisamente pela maratona corrida pelos brasileiros Marílson dos Santos e Franck Caldeira naquele evento.

Enquanto a maratona acontecia, a Renata e a Gabriela estavam na sala de parto, na maratona pela vida. A Gabriela conseguiu avançar alguns quilômetros apenas. A Renata continuou, mas sem a Gabriela já não tinha mais forças para correr.

Os médicos entraram com a quimioterapia posteriormente, mas o processo de metástase atingiu as meninges e tornou o tratamento muito doloroso. Antes que ela perdesse a consciência, pois as meninges são membranas que envolvem o cérebro, conversamos sobre o futuro. Em uma manhã de domingo de agosto, em meus braços, ela foi conhecer a Gabriela.

No documento que entreguei para a junta médica três meses antes, tinha apenas assinado: "Deus, anestesie nossa dor". E assim foi feito. **Morri aos 35 anos.**

A perseverança

Cresci em um bairro periférico na cidade de Itapevi, no interior de São Paulo. Morávamos em um apartamento de 34 metros quadrados, em um conjunto habitacional – Cohab. Éramos em seis pessoas: eu, meu pai, minha mãe e minhas três irmãs.

Graças aos meus pais, nunca nos faltou absolutamente nada, principalmente acesso à educação. Estudar era a única arma que tinha para me defender e não morrer como quase todos os meus amigos de infância, assassinados por arma de fogo.

Aos dez anos de idade, recebia as revistas do Instituto Universal Brasileiro, pagas pelo orçamento limitadíssimo de meu pai, com as quais fiz meu curso à distância de eletricidade. Era uma espécie de *homeschooling* na década de 1980. Com este curso, consegui, aos 14 anos, entrar para o SENAI (Serviço Nacional de Aprendizagem Industrial), de onde saí Eletricista de Manutenção e com o meu primeiro emprego na Pirelli. Ganhando salário, pude pagar o segundo grau técnico em eletrônica. E como Técnico em Eletrônica, passando por diversas empresas, pude me tornar Engenheiro Eletrônico. Apesar de o dinheiro que ganhava como técnico ser insuficiente para pagar a engenharia, consegui avançar com bolsa de estudos, cujo único critério era ter notas boas.

Aos 29 anos, como Engenheiro na Siemens, tive a primeira oportunidade de assumir uma função de liderança confiada a mim pelo Márcio, um dos poucos negros de uma empresa com mais de sete mil colaboradores na época. Ele, reconhecidamente, era um gênio, muito respeitado pelos estrangeiros, pela cúpula que ficava em Munique na Alemanha. Eu não falava inglês e tampouco alemão, línguas necessárias para assumir tal gerência. Quis desistir antes mesmo de começar, pois não me sentia preparado para estar naquela posição. O Márcio, no entanto, confiou sua reputação na minha indicação.

Na Siemens, ocupei diversas posições de controle e liderança no Brasil, na América Latina e em funções globais. Depois do Márcio, tive grandes gestores brasileiros, norte-americanos, ingleses e alemães. Falo inglês e espanhol. Estudei administração e finanças em grandes escolas brasileiras, além de tecnologia nos Estados Unidos e na Alemanha. Via poucos negros como eu ao meu redor. O Márcio já tinha se aposentado, o verdadeiro e único farol da minha carreira profissional.

Foi na Siemens que conheci a Matiko, nome sansei da Renata, terceira geração de sua família japonesa. Ficamos juntos por dez anos. Fiquei na Siemens por 23 anos. A Siemens se tornou literalmente minha casa. Quando perdi a Renata, passei a morar na empresa. Não queria ir embora porque ali era o único lugar em que o presente não tinha mudado e podia "controlar" o futuro por meio dos vários planejamentos estratégicos que engendrava. Estava com depressão profunda e com medo de enfrentar o mundo. No dia em que decidi voltar para casa, que um dia foi dos sonhos de nossa precoce família, foi para desistir.

Encontrei meus pais me esperando como sempre faziam na época da escola, da faculdade, do primeiro emprego, sempre com um prato de comida e com a cama arrumada e improvisada na sala do apartamento na Cohab. Hoje sei que eles cuidaram de mim para que eu pudesse cuidar deles. Desistir seria um ato de egoísmo, pois morreriam comigo todos aqueles que me amavam. **Nasci aos 38 anos**.

A experiência

A Comrades é uma ultramaratona que acontece na África do Sul. Quando a distância a ser percorrida é maior que 42 km (maratona), já podemos considerar uma ultramaratona. Esta prova acontece desde 1941 e foi idealizada pelo sargento Vic Clapham, logo após o fim da 1ª Guerra Mundial, para homenagear os companheiros mortos durante o confronto. A distância é de cerca de 90 km, entre duas cidades, Pietermaritzburg e Durban, cujas largadas e chegadas se alternam anualmente para incluir também o desafio da altimetria, já que Pietermaritzburg está a 596 m de altitude em relação à cidade praiana de Durban.

Depois de ter falhado em 2019, voltei em 2023 (com intervalo forçado pela pandemia) com um medo inconsciente de não conseguir completar a sexta prova das minhas sete participações até o momento que escrevo este capítulo. Toda a preparação e experiência prévias não foram suficientes para que eu largasse bem e conseguisse manter o ritmo e a velocidade que a prova exige, sob risco de ser eliminado em algum de seus pontos de cortes e no limite das 12 horas de um trajeto muito duro, com várias subidas e descidas.

Minha pressão sanguínea baixou logo na largada, às 5:30 da manhã. Quando passei no Km 36, estava entre os últimos colocados e convicto de que pararia ali, no ponto de suporte onde minha esposa Andrea me esperava. Sob sua administração estavam minha suplementação, um macarrão instantâneo com "molho de sódio" de horrorizar a família italiana dela, além da planilha de controle dos tempos e movimentos. Antes de retomar o fôlego e falar em parar, ela se antecipou taxativamente – "falhe tentando, mas não falhe desistindo! Não suba no ônibus!"

A Comrades é meu divã. Com seus altos e baixos, me mostra que toda a experiência é simplesmente motivo de desaprender para aprender a seguir em frente. E que todo planejamento só dará certo no plano de contingência.

Na altura do Km 45 me juntei a um grupo liderado pelo corredor Tschepa, um dos vários *pacers* (corredores "coelhos" que ditam o ritmo da corrida), que conduzia cerca de dez corredores para completar o trajeto no limite do tempo definido no regulamento. Me senti mais confiante porque se conseguisse acompanhá-los, teria a chance de cruzar a linha de chegada. Ao lado do Tschepa estava o Jabulani, um corredor "painel de indicadores", que informava, de tempos em tempos, a distância, o ritmo por km, a expectativa de superar o ponto de corte seguinte e a previsão de conclusão da prova, que era em 11h55min.

O Tschepa determinava o ritmo e puxava a equipe na batida literal de seu pandeiro. Comemorava cada ponto de corte superado, dos seis pontos eliminatórios existentes no percurso. Pegava água para hidratar seus corredores, cobrava precisão dos números do Jabulani, sabia a hora de desacelerar mesmo estando no limite do tempo para que chegássemos à vitória com segurança. E, ao entrar no estádio, deu um passo para trás e deixou os corredores cruzarem a linha de chegada e serem ovacionados pela torcida.

A corrida é minha terapia e me ajudou a sair da depressão. Tschepa se tornou meu alter ego e a forma figurada do propósito da minha vida pessoal e profissional. No ano em que falhei, subi em um dos ônibus-ambulância existentes no percurso que carregam os corredores desistentes. Aquele episódio me deu a certeza de que nunca mais subirei no ônibus que me leva embora da vida. **Hoje eu vivo!**

A esperança

O futuro é uma consequência das nossas escolhas hoje. O futuro não acontece, nós o fazemos. É um alvo móvel! Sem o presente não temos o futuro. Meus pais devolveram meu presente. A Andrea meu futuro. O Tschepa, a metáfora que me fez descobrir meu propósito de vida.

Entendi que tinha de reunir meu sofrimento e minha experiência para mirar um alvo móvel que deixasse um legado na vida das pessoas. Abandonei minha carreira no mundo corporativo em 2014 e juntei meu aprendizado profissional e de vida para o empreendedorismo voltado para uma área que, descobri mais tarde, cuida da saúde financeira dos brasileiros.

Foi um recomeço com as mesmas dificuldades, incertezas e medos de quando comecei em meu primeiro emprego. Tive de voltar para a escola, estudar a disciplina de economia, obter certificações de distinção e de autorização regulatória para construir reputação e entrar no mercado financeiro. O mercado financeiro é fechado, mas não impenetrável, mesmo para pessoas com histórias como a minha. Agora tinha os alicerces de que precisava para tirar meu projeto, meu propósito, do papel.

Rabisquei em uma folha o projeto SuperRico, uma plataforma digital que democratizaria o acesso à educação financeira para todos os brasileiros. Porque acredito que, parafraseando Immanuel Kant, "não somos ricos pelo que temos e sim pelo que não precisamos ter". Empolgado, compartilhei o projeto com um amigo banqueiro e potencial investidor. Era uma plataforma que conectaria pessoas e profissionais planejadores financeiros para atendimento digital em cuidados da saúde financeira.

Investidor amigo: "Carlos, onde estão os planejadores financeiros?"

Eu: "Não sei! A profissão ainda não existe em escala no Brasil."

Investidor amigo: "As pessoas pagarão por este serviço?"

Eu: "Não sei! Mas se pagam por um plano de saúde, academia, nutricionista..., pagarão também por cuidados com sua saúde financeira."

Investidor inimigo: "Você está criando uma ponte que liga o nada a lugar nenhum!"

A SuperRico hoje é uma ponte que conecta dezenas de planejadores financeiros e milhares de pessoas. Continuamos acreditando que, em breve, conectará milhares de profissionais a milhões de vidas. Nossa plataforma já fez a alegria do casamento do casal, deu a tranquilidade e previsibilidade financeira para a chegada dos filhos, permitiu às pessoas terem noites de sono reparador depois de livrá-las do endividamento pernicioso, acolheu famílias para que pudessem atravessar o luto da perda, permitiu a inclusão financeira e social daqueles em vulnerabilidade econômica, não foi esquecida pelo cliente de muitos anos e que agora está com Alzheimer, dá muitas esperanças para que os brasileiros possam ter prosperidade na longevidade e viver bem a vida toda.

Atraímos e aglutinamos muitos "engenheiros" sócios e equipe do bem que, incansavelmente, trabalham para construir um país melhor por meio do planejamento financeiro pessoal e familiar. A vida me ensinou que devo acordar todos os dias e me sentir abençoado por ter encontrado minha missão. **Viverei para construir pontes para a vida**!

DE UMA DOR SE FEZ UM DOUTOR
ESPIRITUALIDADE QUE FUNCIONA

A história é um relato de como o autor superou situações de vida de difícil solução. Com depressão agravada pelo divórcio, buscava alívio por meio de autodestruição. Usou compulsivamente álcool e drogas. Perdeu o controle sobre a vida. Somente por meio de alguma conexão espiritual conseguia se salvar. No ponto mais crítico, era resgatado por flashes de luz. Como resultante de um processo sensitivo e de estudos, ele identificou, na espiritualidade, a solução para prosseguir, elaborando métodos para utilização prática no dia a dia.

DENIS FRED BENZECRY

Denis Fred Benzecry

Nasceu em 24/12/1966 em Manaus. Casado com Rebeca, pai de Gisele, João Miguel e Davi. Avô de Alice e Suri. Graduado em Administração, pós-graduado em Administração de RH e em Psicologia Transpessoal. Mestre em Educação e mestre em Administração. Doutor em Psicologia Clínica. Empresário, sócio da Beny-Lar e Construção, da Empresa Industrial Ltda. e da Academia de Competências Integrativas. Além do português, lê, escreve, fala e compreende bem em inglês e espanhol. Palestrante e consultor em integração de competências, com foco em espiritualidade e propósito. Atende questões relacionadas aos transtornos causados por hábitos e substâncias. Como atividades de lazer, prefere as que envolvam a presença da família, natureza, ao ar livre e a prática de esportes.

Contatos
www.academia-aci.com.br
denisfred@hotmail.com
LinkedIn: denisfred/

Conheci o Denis quando fui substituir, em Campinas/SP, uma grande amiga que dava aulas de gestão e liderança na Alubrat (Associação Luso-Brasileira de Transpessoal), pois naquela época eu ministrava a mesma matéria em São Paulo/SP. Naquele final de semana, chamou-me a atenção a presença de um rapaz, sentado na primeira fileira, que se mostrava muito interessado na aula. Tempos depois, pediu que eu fosse a orientadora de seu TCC. Seu trabalho de conclusão versava sobre dependência química, e eu aceitei.

Posso dizer que o resultado do TCC dele foi um sucesso, pois tempos depois se transformou em sua tese de doutorado. Antes disso, logo depois de concluir a pós-graduação na Alubrat, Denis se aproximou da ACI. E se aproximou tanto que nos casamos, e hoje criamos juntos nosso lindo filho Davi.

Somos sócios na ACI, e parceiros não só de vida, mas também de mundo acadêmico; sua orientadora de doutorado foi a minha orientadora no mestrado em Psicologia Clínica na PUC-SP.

A palestra que o Denis fez durante a última Conferência da ACI, em 2023, foi eleita a mais impactante do evento, e esta é uma das razões pelas quais ele não poderia deixar de estar presente nesta coletânea. A coragem do Denis de expor sua história tem servido de luz para muitos que têm dificuldades de encontrar caminhos para vencer a dependência química.

Sua caminhada, como ele descreve em seu capítulo, é sem dúvida inspiradora. Superar a dependência química é um desafio que impacta não apenas famílias, mas também empresas, que muitas vezes não têm a menor ideia de como lidar com essa questão.

A dependência química é uma doença que tira a dignidade das pessoas de maneira silenciosa. Nesse sentido, a história do Denis é transformadora, pois lembra a importância da espiritualidade. Representa uma voz para que outras pessoas tenham esperança e, como ele nos mostra, percebam que essa espiritualidade está dentro de nós.

Rebeca Toyama

Denis Fred Benzecry

Sou Denis Fred Benzecry, 57 anos, nascido em Manaus/AM. Sou casado com Rebeca, pai de Gisele, João Miguel e Davi. Avô de Alice e Suri. Vivi uma infância e adolescência felizes, em família, com pais e irmãos, boas escolas, boas notas, amigos, tios, primos e avós sempre por perto. Servi o Exército Brasileiro da Amazônia entre 1985 e 1991, quando muito aprendi e me realizei, além de fazer outras grandes amizades para a vida toda. Sou Administrador, fiz duas pós-graduações, dois mestrados, e recentemente concluí doutorado em Psicologia. Trabalhei como professor universitário por 18 anos no Rio de Janeiro. Sou sócio da Beny-Lar e Construção.

A história que trago aqui é um trecho da minha vida. Sim... Este capítulo do livro contém um relato de como eu superei situações que se mostravam sem saída. Meu principal objetivo é transmitir uma mensagem de fé, força e esperança. Palavras que nasceram de um coração que um dia quis desistir de tudo... E que quase pôs fim à própria vida. Mas, somente pela graça de um Poder Amantíssimo e Superior a tudo, aqui estou. E me ponho ao dispor deste mesmo Poder, que pode ser um D-us, na forma como cada um concebe, uma energia, uma luz, um fenômeno...

A partir da superação, onde fui ator e testemunha, passei a carregar o propósito de mostrar a grandeza e efetividade que só a fé, acompanhada de ação, diga-se de passagem, é capaz de realizar.

Histórias que transformam

Com depressão agravada por um divórcio, a dor me levava a buscar alívio por meio de "anestesia" conseguida graças a substâncias e hábitos nocivos. Uma verdadeira autodestruição. Apesar de alternar períodos mais amenos em que conseguia "funcionar", cumprindo rotina de trabalho e estudos, sempre caía na fase seguinte, quando eu usava compulsivamente álcool e drogas. Essa relação entre dias funcionais e dias "na ativa" (sob efeito de substâncias) foi ficando rapidamente desproporcional.

Rapidamente perdi a responsabilidade, a família, o emprego, a dignidade e a sanidade mental. Vi-me isolado. Morava sozinho. Passava dias sem dormir e em desespero. Pensei algumas vezes em suicídio. Uma vez eu planejei me jogar de carro em um rio. A caminho do local, dei carona a um moço simples, que com sua conversa amiga de quem apreciava o pouco que tinha foi me dissuadindo da ideia. Em pouco tempo, eu estaria pagando-lhe um almoço e limpando minha alma em um banho de cachoeira. Hoje, ao lembrar, creio que era um anjo enviado em meu socorro. Outra vez passei uma noite inteira com duas armas de fogo apontadas para minha cabeça. Até hoje não sei como errei, pois, em algum instante eu desfaleci e cheguei a disparar uma delas, quando o barulho do tiro me trouxe de volta à realidade. Também teve uma manhã em que eu, após uma noite inteira bebendo e me drogando, fui buscar mais. Entrei gritando no morro, chamando os traficantes. De repente fui agarrado pela gola e apontaram uma arma na minha testa. Eu fechei os olhos... e desejei que atirassem... assim aquilo tudo acabaria de uma vez por todas! Por vezes eu travava diálogos em minha cabeça entre personagens diferentes, sempre um querendo meu bem e outro a minha destruição. Não raro, acabava falando em voz alta e simplesmente não conseguia parar de falar com voz e sotaques estranhos. Algumas vezes eu parava em frente ao espelho e não reconhecia aquela imagem refletida. Aquele não podia ser eu!

Ainda assim, mesmo durante esse ritual solitário de uso compulsivo de álcool e drogas, havia pausas. Ainda que estivesse prestes a sofrer um colapso, ou uma overdose, repentinamente eu desviava de um site de pornografia para um salmo ou um louvor... ou ainda eu mudava de canal na tevê, de um filme impróprio e caía no sermão de algum pastor, cujas palavras me tocavam. Outras vezes, sem motivo aparente, eu localizava com o olhar alguma fotografia que me fazia refletir. Ou localizava um livro, que abria para ler na página certa. Ou clicava em uma música no YouTube que me faria diminuir a ansiedade, ou mesmo me reconectar comigo mesmo.

Essas interrupções me salvaram muitas vezes. No ponto mais crítico eu era resgatado por flashes de luz. Algo me salvava. Como resultante de um processo sensitivo e de estudos identifiquei na espiritualidade a solução para prosseguir, fui elaborando métodos de utilização prática no dia a dia.

A espiritualidade ainda é um conceito cercado de controvérsias, além de ser envolto em concepções que a confundem com a religiosidade. Pode-se conceber definições em comum que descrevem uma crença de que existe uma força suprema criadora do universo, de todas as coisas e pessoas, sendo essa força, D-us. Embora existam inúmeras denominações, este Poder Superior rege o destino do mundo.

A religião representa a reunião dos princípios, crenças e rituais particulares a um grupo social, determinado de acordo com certos parâmetros, concebidos a partir do pensamento de uma divindade e de sua relação com o indivíduo, fé, culto. Há um comportamento moral e intelectual resultante dessa crença. A palavra "religião" deriva do latim *religio, religionis*, que significa culto religioso ou práticas que a ele se relacionam. Também pode significar santidade ou lei de D-us. A palavra religião passou a possuir popularmente uma interpretação etimológica que associa *religio*, *religionis* a *religare*, com o sentido de ligar ou prender fortemente.

A espiritualidade seria a ferramenta que opera a religião e independe desta. Como se religião fosse a garrafa e espiritualidade, o conteúdo desta. Criou-se um conceito de separação entre estes dois termos, embora caminhem juntos. Destacam-se valores e virtudes como o amor aos semelhantes, a crença em um propósito de vida, fé, honestidade, bondade, conexão (consigo, com os outros humanos, com a natureza), autoconhecimento e atos pautados na ética. Na religião, criada com o intuito de traduzir e padronizar por meio de dogmas e rituais as relações do espírito, dotada de referências históricas e textuais, como a Bíblia, e da figura dos sacerdotes, cuja missão seria liderar os fiéis, conduzindo-os em segurança e conformidade com o que defendem ser a vontade de Deus. Assim como em qualquer outra atividade humana, existem pessoas e instituições com variados propósitos e metas. Consciente ou inconscientemente, "pastores" e "ovelhas" se comportam segundo sua individualidade. Tal fato expressa e justifica que um ser único deva ter um propósito maior, que é só seu. Um sentido na vida. Algumas pessoas conseguem sentir e expressar em ações e resultados a prática de sua espiritualidade, segundo a evolução saudável que acontece com o passar dos anos. Outros dependem de algo ou alguém de fora para orientar este quesito. Está tudo bem. Não se trata de certo ou errado.

Eu, particularmente, passei por uma grande quantidade e variedade de fases distintas neste caminho de aprendizado. Iniciei adotando a religião de meus pais e antepassados, sendo estimulado e correspondendo às tradições do judaísmo como princípio. Em algum momento, me pus a interpretar todas aquelas "leis", passando a escolher e praticar as que fizessem sentido para mim. E assim, até hoje, nenhum ser humano, a meu ver, tem autoridade para julgar se eu ajo adequado aos princípios e tradições corretamente. Quem manda é a minha consciência, que considero a voz de D-us dentro de mim. Portanto, o jeito mais adequado de praticar a minha religião, que é o judaísmo, é definido por mim. Eu me sentirei à vontade em sinagogas, igrejas, terreiros, templos, enfim... Ali será local para regozijar-me com o D-us, que ali estará, e que ali adentra comigo. Ali eu sintonizo com a energia do amor, da virtude, da fraternidade e da fé. Ninguém recebeu procuração para decidir nada em nome d'Ele. O papo é reto. Diante de um sacerdote, reconheço sua importância e recebo, compartilho sua sabedoria, sua orientação. Estou preparado para dar e para receber o que houver de bom nas pessoas. Se desejam me prejudicar, quem julga não sou eu. Nada que acontece é tão importante quanto minha interpretação, crença e atitude seguinte a tudo o que acontece.

O principal aspecto que me move no envolvimento espiritual é a relação e conexão, primeiro comigo mesmo, com o D-us da minha compreensão, e logo após com as pessoas. Observo, estudo, analiso, busco alternativas para que possamos achar o maior tesouro do mundo, que parece escondido dentro de nós mesmos. Nossa mente. Nossa alma. E me preocupo em ver a sociedade, as pessoas, cada vez mais voltadas para "fora", para a opinião alheia, a aceitação e significância, que deveriam começar internamente. Vejo uma tendência ao isolamento, à fuga do momento presente, à anestesia em forma de hábitos, substâncias, compulsões... à superficialidade... à alienação... à perda da sensibilidade e compaixão, que fazem o indivíduo sequer se importar com o sofrimento do próximo.

Uma vez gostei de ouvir que, em termos de espiritualidade, se puder ser definido ou explicado, já não se trata disso. Chamo isso de fenômeno sutil. Pode-se perceber, sentir, desfrutar, cada um ao seu jeito.

A atividade de olhos nos olhos que proponho durante certos encontros é puramente espiritual. Ao longo de algum tempo em que a venho conduzindo, sempre é surpreendente, é revelador, é libertador, é divino. Está ao nosso alcance o tempo inteiro. Conduz-nos no caminho da transcendência, da fé, do amor, da cura, da consciência e de D-us, na forma como cada um o concebe. Independe de "acreditar" ou não. São vibrações energéticas reais, tais como a eletricidade, que ninguém vê, mas percebe atuar. Pode ser atribuído a D-us, aos anjos, aos espíritos, aos santos, ao poder da mente, à física quântica, aos fenômenos anômalos... enfim.

Retornando ao trecho da minha história, eu lembro do ano de 2009. Estava no 3º ano do doutorado em Engenharia de Produção quando fui desligado pela orientadora. Eu estava deixando de cumprir com minhas obrigações em função da dependência química. A esta altura eu tinha um bom emprego no SENAI e era coordenador de curso. Fui ficando cada vez mais adoecido quando, em agosto de 2010, eu não conseguia esconder mais de ninguém, muito menos de meus pais e irmão, que veio emergencialmente de Manaus para o Rio de Janeiro com o propósito de me levar a uma internação, hipótese que eu negava totalmente, apesar de esta ser a saída para eu não acabar morrendo de overdose a qualquer momento.

Era dia 6 de agosto, quando amanheci, após mais um dia em claro, bebendo e me drogando. Saí apressado e atrasado para o trabalho. Ainda assim, no meio do caminho, resolvi parar na Quinta da Boa Vista, um bonito parque no Rio de Janeiro. Lá, tirei os sapatos e caminhei pela grama até chegar à beira de um lago. Não havia ninguém. Foi quando eu chorei bastante... entrei em estado de oração. Dirigi-me ao meu D-us: "Senhor, eu não aguento mais! Fala comigo, eu te imploro. Me manda um sinal. Estou desesperado." Nem acabei de formular o pensamento quando meu celular tocou. Era um professor que eu tinha acabado de contratar e que não tinha nenhuma intimidade. "Denis, você está na faculdade?" Respondi que chegaria dali a pouco. Ele prosseguiu: "Sabe? É que todos os anos, neste dia, eu vou até a Igreja de Bom Jesus dos Aflitos para pagar uma promessa por uma graça alcançada, e tive vontade de te convidar para ir comigo." Eu então fui com ele e escutei nas palavras do sermão do padre tudo o que precisava. Concordei em ser internado, o que provavelmente me salvou naquele momento.

Esta é só mais uma das tantas intervenções de D-us na minha vida. Então eu desejo e celebro desde já o florescer de uma nova consciência, o resgate da dimensão pura da criança, a vitória do amor sobre o medo, a certeza de que juntos podemos muito mais.

O que faço de diferente hoje para agregar a espiritualidade ao meu dia a dia? Eu simplesmente dedico algum tempo a acalmar meus pensamentos e ter uma conversa com o D-us da minha compreensão. Por vezes meditando, ou caminhando, na corridinha matinal, escutando uma música inspiradora. Eu provoco este encontro e me lembro de incluir e priorizar sempre a gratidão antes de tudo. Este simples ato me dota da energia necessária a desempenhar meu papel no mundo, com sucesso e amor. Você que está lendo este texto agora: faça isso por alguns instantes e comprove.

Somos por vezes testemunhas de um mendigo pedindo esmola nas ruas, o refugiado sofrendo com fome na Ásia, a criança morrendo de inanição na África, as pessoas próximas a você que nem são notadas... nada disso é por acaso. São oportunidades colocadas diante de nós para protagonizarmos nossa própria história com humanidade. Seu familiar, seu vizinho, seu cliente, seus políticos, seus desafetos, seus ídolos, seus pensamentos... olha quantas oportunidades para agir!

Percebo a importância em evitar a alienação. Chega de ser "normal". Vamos investir no divino, na fraternidade, no autoconhecimento e na comunhão. Espiritualidade é a ação massiva em contribuir com o que temos de melhor para o mundo. Começaremos aqui e agora. Tá esperando o quê?

MISSÃO MINHA FAMÍLIA
UM NOVO MOVIMENTO EMPREENDEDOR

Um atento olhar para si, para o outro e para o mundo, a partir de uma vivência integrativa do ser e sobrenatural com o Espírito Criador. Um repensar sobre a própria existência, ponderando a respeito de novas perspectivas de estar no mundo atual, revendo o próprio percurso e deixando-se ser guiada pelo Poder Maior. Um novo movimento empreendedor de se posicionar diante dos tempos modernos, propondo uma ressignificação da família, abrindo mão de um bem individual por um bem comum. Estamos preparados para nos desafiar e andar na contramão do que nos ensina a sociedade dos dias atuais?

ELAINE BUENO

Elaine Bueno

Magistério com especialização em Educação Infantil. Graduação em Pedagogia com Administração Escolar e em Comunicação Social. Pós-graduação em Tecnologias Educacionais/EaD, em Yoga e Gestão do Terceiro Setor. Formada em *Coaching* pela Academia de Competências Integrativas (ACI).Experiência em administração escolar e empresarial, atuando nas áreas administrativa, financeira, posicionamento mercadológico, planejamento pedagógico, formação docente e atendimento à família. Sólido conhecimento nos diversos níveis da educação básica e do ensino superior, na elaboração de materiais didáticos para as áreas pública e privada.Forte atuação em pedagogia e gestão do terceiro setor na área da assistência social, com destaque para o desenvolvimento de metodologia avaliativa de impacto social.

Contatos
elainesiteduc@gmail.com
LinkedIn: elaine bueno silva
Instagram: @elainebuenosilva

Eu reencontrei a Elaine em 1999, quando procurava escola para minha filha mais velha. Foi um reencontro, porque quando comentei que morava perto da Serra da Cantareira, zona Norte de São Paulo/SP, começamos a fazer as contas e descobrimos que ela havia sido professora na escola em que eu havia feito o ensino infantil (o antigo pré-primário). Na ocasião em que a reencontrei, ela era dona de uma escola de educação infantil. De lá para cá nasceu uma amizade que dura até hoje. Eu costumo dizer que a Elaine é uma das minhas primeiras amigas, já que nossas vidas se cruzaram quando na minha primeira infância.

Além da formação que ela fez na ACI, na turma de Curitiba/PR, trabalhamos juntas em vários projetos sociais. Eu a apoio em muitas dessas atividades, especialmente no Lar Sírio Pró-Infância, onde ela é superintendente, e atende mais de mil crianças e adolescentes. Elaine tem uma linda história de vida, com um casamento de trinta anos, dos quais 20 anos ela esteve separada. Ela resgata esse casamento na maturidade, retomando a vida afetiva, sem perder a visão da mulher empreendedora e executiva, que não deixa de lado a família – com a consciência de quem sabe o preço que uma mulher paga quando faz escolhas como essas.

Tenho profunda admiração pela Elaine, por tudo o que ela é e faz. Em um mundo onde muitas mulheres ainda têm dificuldades ou vergonha de assumirem o seu lado materno e de esposa, Elaine mostra a importância desse papel no sucesso profissional.

Elaine Bueno

> *E viu Deus tudo quanto tinha feito, e eis*
> *que era muito bom!*
> Gn 1: 31

Já se questionou profundamente sobre o conceito de empreender e sua relação com a vida?

Empreender, em meu entendimento, é a convergência de habilidades que geram uma competência que alguém desenvolve para identificar situações-problema, oportunidades de melhorias em um processo, propor soluções efetivas e investir recursos financeiros, materiais ou humanos na criação de algo positivo para um grupo ou para a sociedade. Isso vai além de negócios, envolvendo também projetos com foco específico e movimento que gere mudanças reais e impactantes na vida cotidiana de outras pessoas.

Recentemente, o foco no meu pensar empreender foi sobre quem eu estava me tornando nessa minha jornada entre trabalho, família e propósito de vida.

E "de repente" – porém não muito, já que transformações são processo... – neste lugar do pensar e em oração íntima, foi que eu tive o chamado insight de transformação, numa percepção de quem descobre e vive o real propósito interior; e ali enxerguei que: tudo, absolutamente tudo, o que eu havia passado na minha vida, experiências boas e ruins – porque elas, sem dúvida, são necessárias e fazem parte, né? –, me levou exatamente para onde eu deveria estar, e o como, de fato, eu estava naquele momento. As minhas experiências moldaram a pessoa, a mulher empreendedora que eu sou. E eu percebi que o que estava se desenrolando na minha existência era parte um Plano perfeito!

Era preciso alinhar com coerência e verdade a vida que eu realmente tinha, a vida que eu sentia ter e a vida que eu parecia ter. Então, deparou-se diante de mim, o maior de todos os desafios: a reconstrução da minha família.

Eu já havia empreendido em muitas frentes lucrativas economicamente, mas tinha em mãos ainda um grande movimento empreendedor a realizar, que geraria mudanças significativas na vida daqueles que mais amo: meus filhos. E isso incluía a retomada da vida afetiva com meu ex-marido – e ele nem sabia disso ainda.

Tive medo.

Foi quando me deparei com a palavra ensinada pelo salmista (Sl. 25: 1) "Ó Senhor, a ti entrego minha vida; confio em ti, meu Deus!", o que fez todo o sentido dentro do meu coração, no mais profundo da minha alma e de todo o meu entendimento. Verso este parafraseado pelo mestre yogue Professor Hermógenes no, atualmente, tão conhecido e utilizado mantra "entrego, confio, aceito e agradeço". Pois foi exatamente aí, neste "momento *insight*", que entreguei e passei a aceitar todas as situações desta minha jornada na Terra, e a agradecer cada vivência, neste caminho seguro em que caminham aqueles que amam a Deus, na busca de um conhecimento profundo de quem eu sou.

Esse processo de preparação para o início do novo empreender levou cerca de dois anos de muito diálogo com o Criador para gerar a força motriz interior, receber um impulso sobrenatural que me mostrou o que eu tinha de melhor em mim e que me levou adiante na atitude.

E é assim que vou me apresentar a vocês:

Sou Elaine Bueno Silva – e agora com muita honra... novamente Soares. Tenho 53 anos. Mãe do Igor Silva Soares (25) e da Yasmin Silva Soares (28). Adoro ficar em casa e curtir meus cantinhos personalizados com plantas, quadros e altares. Filha da D. Bete e do Sr. Euler, tenho dois irmãos a quem admiro muito, o Euler Júnior (professor e político) e a Érica (atleta).

Meu passatempo preferido: estudar o extraordinário da Presença divina entre nós e a vida dos santos, além de aprender mais sobre como elevar meu espírito em uma vida reta, de fé, de esperança e de caridade.

Sou uma mulher que decaiu, mas foi redimida, purificada em suas próprias lágrimas, renovada, renascida.

Valente guerreira, forte, que hoje aprende a se deixar ser conduzida pela liderança de seu esposo no papel de pai, marido e chefe da casa, e busca andar ao seu lado na perspectiva mais empreendedora de toda essa existência: a reconstrução de um lar.

E entre o que fui antes e a pessoa que sou hoje, existe um nome: Yeshua.

Ao longo da minha vida profissional fiz o magistério e me formei pedagoga, trabalhei em escolas públicas e privadas como professora, a pedido e a exemplo do meu pai passei em concurso do Banco do Brasil – era pra ser a tal carreira segura, mas não me adaptei a essa área de atuação profissional focada exclusivamente no capital, não via propósito.

Fui fundadora e diretora de uma escola de Educação Infantil e Fundamental I particular na Zona Norte de São Paulo, capital. Comunicóloga, escrevi livros didáticos e paradidáticos para grandes editoras do Brasil, pós-graduada em EaD, ajudei a fundar uma empresa de Soluções Integradas em Tecnologias Educacionais em Curitiba, além de atuar como palestrante na área educacional e me formar como coach pela ACI.

Histórias que transformam

Na busca constante por equilibrar o meu pensamento imediatamente racional, às emoções, à intuição e aos sentidos, também me dediquei a uma pós-graduação em Yoga, que abriu minha visão sobre uma forma integrativa de ver o ser humano. Atualmente, especialista pela FGV em Gestão do terceiro setor, assumi como superintendente de uma grande e centenária instituição beneficente, o Lar Sírio Pró-Infância – aqui eu verdadeiramente me encontrei como profissional! Poderia-se dizer que houve uma jornada de carreira bastante saudável, crescente, sólida e de sucesso. Mas a vida profissional desmedida com relação à pessoal não trouxe a recompensa esperada.

Hoje, recasada – sim... pela segunda vez! – há um ano com o mesmo homem, Marcos R. Soares (60), por quem me apaixonei e escolhi viver em matrimônio há 30 anos, vivo a mais ousada de todas as proposições: amar incondicionalmente a minha família e me dedicar a ela não só em palavras, mas principalmente em ações.

E é sobre essa linda história de superação, de sucesso e de Amor que verdadeiramente está transformando o que está à minha volta que vou contar, e desejo que você se inspire.

> *O amor é um mistério que transforma tudo o que toca em coisas belas e agradáveis a Deus.*
> Santa Faustina

Nós dois éramos ainda muito jovens, com oito lindos anos de vida comum, e então veio até nós a primeira impetuosa tempestade: uma doença grave – na alegria e na tristeza, na saúde e na doença... Com ela o luto, a depressão, o transtorno no consumo do álcool, a amargura, o silêncio profundo de cada um, a impaciência e o distanciamento.

A sedução do mundo também bateu à porta, e frágeis, acabou nos separando enquanto casal. Ninguém poderia acreditar. Éramos tão... tão... tão... "perfeitos" juntos!

Dois filhos pequenos, mas achamos que "seria melhor assim". Alguém – nessas horas sempre existem os palpiteiros de plantão – me disse que, antes de tudo, eu deveria pensar na minha felicidade, porque o tempo passa depressa demais, os filhos crescem e vão viver suas vidas... então, afirmei: "É verdade, e eu? Como é que fico nessa história?"

Quando pensamos assim, potencialmente no eu, sem considerar aqueles que estão sob nossa responsabilidade para crescerem inteiros, colocamo-nos em uma posição individualista, egocêntrica, e não conseguimos pensar sequer nas consequências dos nossos atos para o outro...

Certamente a separação de um casal, de imediato, mesmo em situações de grandes conflitos, parece, a qualquer um, dura e cruel, mas a longo prazo pode-se vislumbrar que é a decisão mais lógica e fácil. Mas quando falamos de pessoas e de relacionamentos, não estamos falando de lógica, muito menos de facilidades. Enfim, encontramos nos ditos "tempos atuais" a tese de que o que importa é "ser feliz", e nos reconfortamos nela, já que é o que as novelas, os filmes, as séries e o dia a dia deste mundo nos têm ensinado, não é? – Como se fosse possível ser feliz somente para si. É como se prazer fosse lido como sinônimo de felicidade. Defendemos que dividir e seguir em frente – porque a "fila anda"– é a atitude mais acertada, é *cool*, é "normal".

Pois assim foi... mais uma família separada entre tantas outras nos tempos modernos. Simples assim – Será?

Afinal, pensei, meus filhos não serão, no mundo, as únicas crianças com pais separados, eles vão se adaptar.

Passaram-se 20 anos... e os filhos não se adaptaram.

Histórias que transformam

E por mais que eu tentasse transformar o nosso lar em uma escola de virtudes humanas, a divisão do casal sempre colocava em cheque os valores que um dia havíamos sonhado para eles. O fato é que as famílias estão, deliberadamente, sendo destruídas sem que percebam.

> *Para ter um negócio de sucesso, alguém, algum dia, teve que tomar uma atitude de coragem.*
> Peter Drucker

De algum tempo para cá, a humanidade passou a acreditar que focar na vocação prioritária de ser mãe e esposa e de se dedicar à própria família, colocando a carreira em um plano paralelo, é atestar falta de autonomia, de independência e de sucesso. Eu também já acreditei nisso.

Engano.

É preciso ter coragem para dizer não às meias-verdades que nos são pregadas nos dias de hoje, ir na direção contrária, não ser a mulher "moderna" esperada, mas bela, recatada e do lar. Por que não? São bons valores, afinal, não são? Isso não nos faz menos profissional.

Tenho defendido hoje junto às famílias com quem convivo e atendo que é muito mais fácil construir do que reformar. Filhos fora do convívio de um lar harmonioso estão fadados a transtornos muito complexos de serem reorganizados posteriormente. A família é o lugar sagrado em que devemos crescer e nos desenvolver.

Não que isso seja uma regra para todos os casos familiares, mas eu precisei viver o erro da escolha pela separação para aprender na pele sobre as consequências desta decisão e, atualmente, busco equilibrar mais e melhor a minha trajetória de vida pessoal, profissional e familiar. Nossos filhos precisam muito mais de nós do que imaginamos!

Refletindo sobre o papel da mulher, questiono as supostas conquistas modernas, quando em detrimento da família. Que reais conquistas estamos concretizando para nós, para nossos filhos e para o mundo? Certamente são muitas... Mas também: em que devemos dar um passo atrás?

Torna-se cada vez mais claro que certos resultados da nossa intensa jornada profissional nos estão saindo caros demais – é fato que na atual "sociedade moderna" o quesito família não vem demonstrando resultados de sucesso! Falta qualidade relacional.

Fato comprovado? Está aí... não sou eu quem está falando, basta olhar ao seu redor e ver, com seus próprios olhos. Não se cultivam mais as virtudes da tolerância dentro de casa, da temperança entre casais, do discernimento entre pais e filhos, da sabedoria para se conduzir um lar, e sobretudo esqueceu-se da virtude do temor de Deus. Será que não estamos nos "achando" demais?

Quantos filhos desajustados emocionalmente, tão pequeninos e já com síndromes de ansiedade, depressão e tantos outros transtornos neurais e comportamentais, frutos do ambiente em que vivem. Uma geração "gelatina", sem sentido de vida, sem robustez interior, vivendo relações mais inconsistentes e menos sólidas.

A educação cada vez mais terceirizada às escolas e às cuidadoras, a alimentação cada vez mais processada e *fast*, para se dar conta da correria do dia a dia.

E correr tanto para quê?

Para trabalhar mais, para ganhar mais, para gastar mais, para usufruir menos da intimidade da família – mas de que família estamos mesmo falando? A tal instituição falida que tantos proclamam?

Para que crianças se desenvolvam saudáveis, cada um dos papéis, o da mãe e o do pai, precisam estar bem definidos e coexistir no lar.

A ciência e a vida prática evidenciam as diferenças entre homens e mulheres, complementares na construção familiar.

O feminino é o planejamento. Planejamento é olhar de dentro, é o que dá consistência, é o como fazer no tempo oportuno, é kairós.

O masculino é a execução. É o olhar de fora, é o que dá direção, é a constância; no tempo que se mede, é cronos.

Assim, assumir o feminino em seu lugar de criação é a reflexão que podemos entregar ao próprio Criador para obtermos, enquanto mulheres e mães, uma resposta coberta de sabedoria. Isso mesmo, deixar de lado a soberba humana e conversar com Aquele que sabe de todas as coisas e que possui o poder supremo.

Onde não há amor, coloque amor e receberá Amor.
São João da Cruz

E que bom que não temos todas as respostas, e o que quero deixar aqui são mais perguntas...

O fato é que tantas vezes abrimos mão de nós mesmas por um trabalho, por uma formação, por uma promoção. Será que somos capazes de ressignificar nossas vidas afetivas para alcançar um objetivo de felicidade real, que é dar aos filhos um lar coeso, equilibrado, unificado e cheio de amor?

Sim. É possível. Sou prova da reconstrução e do acreditar.

Estamos juntos novamente como casal e como família – e não estou dizendo que seja simples –, superando cada situação, cada diferença e celebrando também cada pequena grande conquista. Porque o amor é paciente, e precisa ser reaprendido por todos nós nestes tempos em que precisamos ser mais espírito e menos barro para empreender na família.

Então, coloque amor, e terá amor. Mas saiba que não é possível alcançar a vitória por si só. Você veio do amor e voltará para o amor. Dependa deste amor. Siga as leis deste amor, que gera a verdadeira felicidade. Deixe-se levar pelo espírito do amor... é preciso que essa mão forte o sustente, que essa voz absoluta lhe dê a direção, que esse olhar doce e supremo demonstre o quanto você é amado, para que, assim, você finalmente permaneça no amor e se torne aquilo para o que foi realmente criado: ser filha e filho do Altíssimo, herdeiros de uma vida plena e cogeradores na continuidade da vida humana.

CONTABILIZANDO O SUCESSO

Buscamos incansavelmente o "tal Propósito" e achamos que ele está longe. Sonhamos com a criança que fomos, com os sonhos que abandonamos e pensamos que nada faz sentido. Com ajuda e ferramentas certas é possível nos apropriarmos de nossa história e contá-la de maneira diferente: pois encontramos, nela, força, graça, alegria, conexão e fé; e aí descobrimos que nosso Propósito está mais perto do que pensamos.

ELIANAI HOLANDA

Elianai Holanda

Elianai é administradora de empresas formada na Faculdades Associadas de São Paulo (FASP), pós-graduada em Perícia e Auditoria Interna, e tem MBA em Consultoria e Gestão de Negócios, MBA em ESG. Formou-se como técnica contábil em 1992, é professora em cursos técnicos de Administração e Contabilidade. Sócia da Revicont Contabilidade desde 1991, é apaixonada pelo empreendedorismo e tem ajudado muitos empreendedores a prosperarem e contarem histórias de sucesso. Mantém um canal no YouTube em que fala sobre terceiro setor e negócios, de modo leve e simples, buscando simplificar e desmistificar a contabilidade. Leitora voraz e daquelas que faz resumo, ama conhecer pessoas, contar uma história e fazer amizades. Fez Teatro para não atores e, aos 50 anos, resolveu realizar seu sonho de criança; possui formação em *Coach* pela ACI, que foi um divisor de águas em sua carreira. Mãe de dois meninos: João Pedro (24 anos) e Luiz Antonio (12 anos); é casada com o Washington há 34 anos.

Contato
elianai@revicont.com.br
Instagram: elianaiholanda.contadora
YouTube: Revicont Contabilidade

Conheci a Elianai em uma das turmas de formação profissionalizante da ACI, pouco depois de ela ter assistido a uma palestra minha em homenagem às mulheres, em um evento do Conselho Regional de Contabilidade (CRC), no qual falei sobre carreira, propósito e legado. Algo que mencionei nessa palestra, sobre propósito e o que viemos fazer neste mundo, mexeu com ela, e isso a fez me procurar. Ela comprou nossa formação, de modo que entre pretensos mentores e coaches eu passei a ter também uma contadora.

Na verdade, não apenas uma contadora, mas também uma empresária, alguém com uma empresa, como ela conta em seu texto, impactando a vida de muita gente por meio da contabilidade. Como ela mesma diz, a formação que fez na ACI mudou sua visão de mundo, e também quem ela era, sua maneira de pensar e compreender a vida. Ela passou a atuar no Terceiro Setor, com vários trabalhos e palestras, percebendo que não precisava deixar de ser quem é para vencer na vida. Elianai decolou de maneira surpreendente, estudando teatro, lendo muito e aprendendo sempre.

Ela está neste livro por ser um grande exemplo de autenticidade, por ser uma pessoa que vai atrás do seu propósito e faz o que é preciso para isso, sem se preocupar com o que os outros pensam. Isso ficou claro quando, na conferência que promovemos recentemente na ACI, ela entrou no palco vestida de Branca de Neve, dizendo-se uma contadora de histórias – o que de fato ela é e faz. Em suas palavras, ela se diz uma pessoa que "conta histórias por meio de números".

Rebeca Toyama

Elianai Holanda

Quem é que durante a sua fase de juventude acorda um dia e diz: "Meu sonho é ser contadora e trabalhar no ar-condicionado o dia inteiro?" Pois esse era o sonho que tiveram para mim. Mas deixe eu me apresentar. Eu me chamo Elianai Holanda, que já é um nome muito diferente – quantas Elianai alguém é capaz de conhecer na vida? Acho que ninguém mais esquece meu nome depois de me conhecer. Tenho 56 anos, sou filha de migrantes nordestinos, nasci em São Miguel Paulista, um distrito da Zona Leste da cidade de São Paulo. Meus pais eram evangélicos e eu fui criada na igreja.

Pronto, agora você sabe o básico sobre mim, mas também precisa saber que sempre fui uma criança um pouquinho diferente. Eu era uma curiosa, conversadeira, uma menina que sempre queria saber as histórias de vida de todo mundo ao redor. Sempre tive esse gosto por conhecer pessoas. E desde muito nova fui uma amante dos livros. Aprendi a ler aos sete anos, e aos oito já havia lido todos os clássicos da literatura brasileira.

Eu não fui precoce apenas na leitura. Logo aprendi a lidar com o dinheiro; e fui uma menina muito empreendedora. Vendia cola na escola. Não é aquela cola de colar, é aquela cola de passar a matéria para os outros. Desculpe a sinceridade. Minha letra era redondinha – ainda hoje escrevo bonitinho, todos dizem –, então eu fazia as colas e vendia isso na escola, ganhando meu próprio dinheiro.

Histórias que transformam

Aos 13 anos, meu pai me convocou de vez para o escritório de contabilidade para fazer alguma coisa no período entre aulas. Eu fui trabalhar como *office girl* nesse escritório. Aos 14 anos tinha conta-corrente em banco, tinha talão de cheque e sabia o que queria comprar. O empreendedorismo veio para mim como uma forma de ter liberdade financeira e ser livre.

Eu queria fazer artes cênicas, fazer escola de comunicação em artes ou sociologia ou até ser missionária, pois tem tudo a ver com o que sempre acreditei. No poder da transformação, seja pela arte, seja pelo conhecimento das estruturas onde as pessoas vivem. Por isso pensava em sociologia ou arte como uma forma de conhecer as comunidades e suas dinâmicas. Eu também sou de uma de formação evangélica e vim de um ambiente em que era estimulada a estudar a Bíblia, o que fez de mim uma pessoa que acredita no poder transformador da palavra.

Mas meu pai não me queria por esse caminho, nem das artes nem da sociologia ou mesmo da fé.

Ele queria que eu fizesse um curso que poderia me ajudar a ser independente financeiramente, então fui fazer cursinho. Fiz e prestei o vestibular para várias faculdades. Mesmo sem muita vontade de passar, consegui entrar no curso de administração com habilitação em comércio exterior – que foi o curso que meu pai escolheu – e entrei nas Faculdades Associadas de São Paulo (FASP), que à época era uma faculdade classe A, com professores de alto nível. Foram quatro anos de suor e lágrimas, em que meus pais se separaram, tive que começar a pagar eu mesma minha faculdade e passei dois anos chorando, porque não queria aquilo, mas terminei porque uma das minhas filosofias é que devemos terminar o que começamos.

Neste período, entrei no mundo corporativo. Durante quatro anos, passei por grandes empresas. Trabalhei na área de propaganda e marketing da Santista, na área de treinamento na Lubeca, na área de compras internacionais na Unisys e na área de planejamento e controle de produção na AEG Telefunken. Passei no processo seletivo para *trainee* na Autolatina. Mas não era o que eu queria.

Quando terminei a faculdade, logo depois de todos os estágios nessas grandes empresas, falei para mim mesma: "Eu não quero ser empregada, quero trazer tudo isso que eu aprendi para ajudar pequenos negócios a se desenvolverem." Então chamei minha mãe que ainda tinha o escritório contábil, que era dela e do meu pai e falei: "A senhora quer uma sócia?" Nessa época, o escritório estava praticamente falido, quebrado; e eu completei para minha mãe: "A senhora quer vir comigo?"

Alugamos uma sala e começamos minha jornada. Então, fomos para uma salinha de dois por dois, num bairro horroroso, mas que era perto dos clientes que a gente ainda tinha. Fiz pesquisa de mercado, andei mais ou menos uns 10 km a pé a fim de poder ir parando de escritório em escritório para fazer cotação de valor de honorário e assim criar o meu preço e fazer novos contratos e novos clientes. Quando tudo parecia que ia melhorar, com uma tabela nova e novos clientes, um mês depois, veio o governo de Fernando Collor. E o que aconteceu quando ele assumiu?

Para quem não se lembra da história, vou ajudar: em 1990, o presidente anunciou no seu segundo dia de governo o "Plano Collor", que basicamente consistia no confisco das cadernetas de poupança e todas as demais aplicações financeiras por 18 meses. Todo mundo, desde correntistas e poupadores, pessoas físicas e jurídicas, só conseguiria sacar 50 mil cruzados novos, cerca de R$ 5 mil em valores atuais, o que até pode parecer muito dinheiro, mas que naquela época de hiperinflação não dava nem para pagar o aluguel.

Eu fui parar no porão de um cliente onde fiquei trabalhando por três anos. Aluguei um telefone de agiota e virei de tudo, desde *office girl* de novo até carregadora de caixas, mas vai entender como Deus age na nossa vida, não é mesmo? Esse mesmo agiota, que era odiado por todos (alguém já viu algum agiota que seja admirado por alguém?), me viu trabalhar daquela maneira e me ofereceu duas salas na avenida Nossa Senhora do Sabará.

Eu olhei para ele e falei: "Mas eu não tenho dinheiro para pagar. Quanto é o aluguel?" Aí ele virou para mim e perguntou quanto eu pagava no porão; e ele me alugou pelo mesmo preço duas salas na avenida. E ainda deu três meses sem pagar aluguel para arrumar a sala. Tem como não acreditar em Deus? A partir daí coloquei uma plaquinha na sala e começou a aparecer vários clientes, fruto daquela persistência que eu tive no porão, de conhecer pessoas, de ajudar pessoas, às vezes a pessoa nem era meu cliente, mas ia lá e pedia uma dica e eu ensinava como se fosse o melhor dos clientes. Eu entrava no táxi, dava o cartãozinho, entrava no ônibus, dava o cartãozinho para o cobrador, conversava com a mulher do lado e dava o cartãozinho. O escritório começou a crescer.

Neste período minha mãe se aposentou e meu companheiro veio ser meu sócio; juntamos as forças e estamos junto até agora.

Mesmo assim, o escritório ainda não faturava o suficiente e eu fui dar aula de contabilidade em um colégio técnico. Foi a partir disso que virei contadora das empresas onde os meus alunos trabalhavam. Eu ganhava muito pouco como professora, mas dava para pagar o aluguel da minha casa. Só que nas aulas eu fazia muitos contatos e isso gerou muitos frutos para meu trabalho. Sempre gostei muito de ensinar, e usei a contabilidade para ajudar as pessoas; e os alunos se encantavam: "Poxa, você podia ser contadora da empresa em que eu trabalho", diziam.

Na mesma época, a Autolatina fechou no Brasil e várias pessoas resolveram pegar sua indenização e se tornar "investidoras" em pequenos negócios, a tal franquia. Eu nem sabia o que era franquia, mas uma dessas pessoas foi ao nosso escritório e a gente abriu, em questão de três meses, umas 15 franquias.

Essas pequenas empresas franqueadas precisavam apresentar para seus sócios relatórios; só para você ter ideia, havia empresas com 10, 15 sócios, em que um deles era o operador e os outros investidores e precisavam ter a certeza de que não havia desvio de recursos. Portanto, criamos um relatório financeiro para esses clientes que hoje vocês chamam de "contabilidade consultiva".

Olha, passei muitos perrengues com esses clientes, pois eram pessoas que vinham de áreas técnicas, que não conheciam o dia a dia de um pequeno negócio no Brasil, mas conseguimos ajudar a todos.

Foi incrível. Mesmo anos depois – eu estou contando uma história que aconteceu entre os anos de 1994 e 1995 – muitos desses negócios e empresas ainda estão abertos e continuam clientes do escritório.

Depois disso eu nunca mais parei. Fiz pós-graduação, fiz MBA (Master Business Administration) e nunca mais parei de estudar. Hoje, atuo também no terceiro setor – confesso que é a "menina dos olhos" do escritório –; e para quem não tem familiaridade é constituído por organizações sem fins lucrativos, não governamentais, que têm por objetivo gerar serviços de caráter público. Tenho um canal no YouTube que ajuda essas empresas e que tem tido muitos bons resultados.

Assim, o resto é história. Então, eu sou a chata, a persistente, a que não perde uma boa conversa, que quer saber como vai a vida dos outros, sempre querendo ajudar a apontar os melhores caminhos e aprendendo junto. Eu confesso que não sonhei com a contabilidade, mas fiz dela meu instrumento para tornar a vida das pessoas melhor.

Mas não pense que essa jornada foi fácil. Em muitos momentos chorei e sofri, pois não via sentido em nada. Fui algoz de muitas pessoas e sofri abusos de outras. A grande transformação na minha vida foi quando conheci a ACI e aprendi a olhar a minha vida e a minha jornada com olhos de compreensão, perdão e aceitação. Porque, de verdade, não foi fácil viver tudo isso. Minha história também passa pelo autoconhecimento, pois houve momentos em que duvidei de tudo, de mim e de todos. Fazer a formação em *Coach* Integrativo da ACI me trouxe clareza sobre tudo o que vivi; e encontrei o propósito da minha vida.

Onde que eu quero chegar? Vocês viram que eu juntei sociologia, administração, ser missionária, que era tudo o que eu queria ser quando criança e adolescente. A contabilidade é minha ferramenta, com a qual consigo, por meio do meu conhecimento, ensinar as relações ganha-ganha, capitalismo consciente, em que cada trabalho que executamos aqui deixa o mundo melhor. Saber que somos responsáveis pela execução de uma folha de pagamento que vai sustentar uma família, ajudar o cliente a não ter passivos fiscais, ajudar na decisão entre investir ou não me deixa com o coração quentinho. Pois o empreendedorismo no Brasil não é fácil, e ser um facilitador disso não deixa de ser um legado.

O que eu gosto na contabilidade é o fato de ser a porta para o empreendedorismo no Brasil. Vou além no que faço, ensino empreendedores a se tornarem empresários. Na minha jornada descobri que a contabilidade é uma contação de histórias por meio de números e que nós somos os narradores dessa história e podemos ajudar a reescrevê-la, trazendo assim prosperidade para nossos clientes e para a sociedade.

Eu quero que a minha empresa seja uma porta-voz disso, de um mundo transformador e melhor para todos. Acho que cheguei no ponto que eu queria: ser agente de transformação.

Se eu tivesse que dar um conselho a qualquer pessoa diria para ela ser verdadeira e acreditar em seus sonhos, por mais malucos que eles sejam. Muitas vezes a gente não consegue realizar naquele momento esse sonho, mas a gente deixa ele guardadinho no lugar onde a gente está sempre vendo. Acredite na sua ideia, acredite no seu potencial, acredite na sua força. Por mais que o mundo diga que você não vai conseguir. Pense no seu sonho assim: "Como eu posso ajudar alguém? O que eu posso fazer pela sociedade, pelo mundo, e ser remunerado por isso?"

Acreditar no seu sonho, acreditar no seu potencial, acreditar naquilo que você vai fazer. Acreditar na educação, estudar, dedicar-se, não ter vergonha de ser quem você é. Não existe vergonha em ser quem você é, porque você é único nesse mundo. Esse fato de você ser único já faz você ser diferente. E o mundo precisa de você, em qualquer atividade que for fazer.

Talvez, se você for fazer essa mesma pergunta para outra pessoa, a resposta será diferente. É isso que faz o mundo ser encantador e ser essa grande viagem. O empreendedorismo é isso. É acreditar na minha ideia mesmo quando o mundo vai dizer não. Acredite que a vida é bela e as oportunidades vão aparecer. Plante, semeie, cuide da sua terra, cuide de você, vá se conhecer. Acho que a mensagem aqui é o autoconhecimento. Conhece-te a ti mesmo, dizia o filósofo Sócrates.

Eu sonhava no porão que eu ia ter uma equipe e hoje eu tenho. Então, eu acredito mesmo nessa coisa de a gente pensar positivo, pensar para a frente. Então, sonhe grande, trabalhe para realizar, entendeu? Para você chegar lá na frente, nos seus 56 anos, e falar assim: "Combati o bom combate, mas tô aqui ainda querendo ajudar as novas gerações e aprendendo com elas." Sonhe grande. Sonhar pequeno, não. Porque você vai gastar o mesmo neurônio.

Enquanto reviso este texto, meu pai, que de certa forma me moldou a ser o que sou, faleceu e sei que ele sabe que foi o grande responsável por tudo o que vivo hoje e que o seu legado continua vivo, pois ele era um entusiasta da educação, do trabalho e da ética e em determinado período da vida foi buscar o autoconhecimento e viveu seu sonho de ser pastor. Então, pai, muito obrigada por tudo o que o senhor fez e me ensinou, mesmo que às vezes eu não tenha entendido. Te amo até a eternidade.

07

O PODER DA DECISÃO
COMO AGIR DIANTE DOS OBSTÁCULOS DA VIDA?

Neste capítulo você vai descobrir como o autoconhecimento e o poder de decisão pode levá-lo a resultados surpreendentes, fazendo você reconhecer que a vida, apesar dos obstáculos que a todos se apresentam, é uma jornada desafiadora e estimulante, na qual, com a sua atitude, você consegue trilhar o caminho que desejar, alavancando o seu o sucesso profissional e pessoal e alcançando uma vida plena e satisfatória.

ELMA SIMÕES

Elma Simões

Filha caçula de Dona Elza e Sr. José. Tem oito irmãos, é mãe, esposa, amiga, dedicada, determinada e sempre pronta a assumir novos desafios. Gestora de Gente, apaixonada pelo trato com pessoas. Profissional *coach* formada pela ACI (Academia de Coaching Integrativo), metodologia internacional certificada pela ALUBRAT (Associação Luso Brasileira de Transpessoal). Pós-graduada em Administração de Recursos Humanos pela Universidade Federal do Amazonas (UFAM). Graduada em Pedagogia com Habilitação em Supervisão pela Universidade Federal do Amazonas (UFAM). Mais de 20 anos de experiência na área de RH, administração, gestão de pessoas, gestão de sistemas de qualidade, meio ambiente, saúde e segurança do trabalho, em empresas nacionais e multinacionais de grande porte. Empresária e representante legal de uma multinacional no Brasil.

Contatos
elma_simoes@yahoo.com.br
LinkedIn: elma-simoes-9010a6a1
Instagram: @elma_simoes

Elma fez parte de uma das turmas de formação da ACI em Manaus/AM. Eu a conheci nessa ocasião. Elma era muito atenta, tinha um sorriso discreto, pouco falava, mas demonstrava uma incrível dedicação às aulas. Foi depois dessa formação que comecei a conhecê-la melhor, pois ela não fez um processo individual comigo, como alguns outros autores deste livro, mas fez parte de uma turma, o que naturalmente não permite muita intimidade. No entanto, nas minhas várias idas a Manaus, entre alguns cafés, almoços e *happy hours*, fui descobrindo a quão poderosa é essa mulher.

Elma tem uma história linda, com surpreendentes mudanças, superação de desafios e, sobretudo, muita persistência e resiliência. Vem de uma família numerosa e, contrariando a tradição da casa, que seria seguir a carreira de direito, optou pelo magistério, o que a aproximou de sua verdadeira vocação: cuidar de gente. Esse caminho, inicialmente difícil, abriu inúmeras portas e perspectivas. Elma passou por grandes empresas, nacionais e multinacionais, atuando nas áreas de RH, gestão de pessoas, saúde e meio ambiente, entre outras.

Costumo dizer que pode estar caindo canivete que Elma vai estar lá, firme, serena, sempre sorrindo, e com um tom de voz que, ao escutá-la, qualquer um se sente querido. Eu a escolhi para fazer parte desta coletânea por ser um exemplo de mulher que nasceu no norte do país e conquistou o seu espaço em grandes empresas, sem perder sua essência ou deixar de lado seu papel de mãe e esposa.

Rebeca Toyama

A vida é cheia de surpresas, boas ou ruins, agradáveis ou desagradáveis, por vezes de tão surpreendentes nos deixam em choque, mas elas são sem dúvidas um grande impulso na vida do ser humano. Tudo vai depender da reação que teremos diante das surpresas que a vida nos apresenta.

Venho de uma família de nove irmãos, filha caçula, cresci rodeada de gente ao meu redor. Além dos meus pais e irmãos, minha avó materna também morava conosco. Lembro até hoje da casa simples com varanda e da imagem da minha avó sentada em sua cadeira de balanço. Meus pais tinham muita satisfação em ajudar a todos, acolhendo sobrinhos que vinham do interior do estado para estudar na capital. Então tive a oportunidade de conviver com muitos primos que iam e vinham e moravam longas temporadas conosco.

Acredito que isso me ajudou a construir uma personalidade que ama gente. Para mim estar ao lado de pessoas me energiza, impulsiona o meu desenvolvimento e me traz um sentimento de plenitude. A troca de ideias, a satisfação em servir e colaborar com o outro é algo que faz parte da minha vida desde muito pequena. Além de muito enriquecedor, estar com pessoas é algo de extrema importância no meu dia a dia, algo que me alimenta e seduz.

Desde muito cedo percebi que lidar com gente era o que eu queria para minha vida. Cursei a faculdade de Pedagogia na Universidade Federal do Amazonas (UFAM) e passei anos ouvindo que era loucura querer ser professora, que isso não dava dinheiro e que eu estaria fadada ao insucesso, pois na minha família, formada por grandes magistrados, o conceito era de que o Direito era o curso que poderia levar ao sucesso profissional e pessoal.

Iniciei sim como professora, com muito orgulho. Minha mãe, uma visionária, me matriculou muito cedo em cursos de idiomas, primeiro o francês, por meio de uma bolsa de estudos da Aliança Francesa que, naquela época, havia acabado de se instalar em Manaus e oferecia bolsa 100% gratuita a crianças e adolescentes que se interessassem em aprender o idioma. E depois o inglês, que era pago com muito esforço, usando as economias que ela fazia ao longo do mês. E eu, modéstia à parte, soube aproveitar essas oportunidades: aos 15 anos já ministrava aulas particulares de inglês. Aos 17 ministrava aulas de inglês numa escola particular de idiomas e aos 18 fui contratada pela secretária de educação do estado para lecionar em uma escola do antigo 2º Grau (hoje Ensino Médio).

Essas experiências iniciais enriqueceram meu universo e minha visão em relação a como lidar com pessoas. Também me fizeram enxergar que havia um vasto leque de possibilidades de atuação que o curso de Pedagogia poderia me proporcionar, desde que eu focasse naquilo que eu mais me identificava, as pessoas.

E então me veio a grande surpresa, lamentavelmente desagradável, um choque, a perda inesperada de minha amada mãe, mulher forte, de um caráter, força e fé inabalável, com quem eu tive a oportunidade de conviver tão pouco, mas que me deixou um enorme legado de garra e determinação.

A partir daquele abrupto e adventício fato meu mundo caiu, foram por terra todos os meus conceitos, meus sonhos, minhas aspirações, meu rumo, meu Norte. Enfrentei muitas batalhas internas e externas, que foram desde a imensa dor da perda, passando por um longo processo de revolta e não aceitação, até realmente chegar ao fundo do poço e descobrir que eu teria que sacudir a poeira que estava em cima de mim e fazer dela o alicerce para sair daquele buraco em que eu mesma havia me enfiado. Sim, eu mesma havia me enfiado, pois sempre somos nós mesmos que nos permitimos chegar a um determinado ponto na vida, seja ele bom ou ruim, somos sempre nós mesmos que caminhamos até ele; e somente nós, com nossa determinação, força de vontade e força interior, poderemos superar qualquer obstáculo que se apresente. É claro que podemos e devemos contar com uma rede de apoio que nos alimente, reforce e nos auxilie em qualquer caminhada, mas a mola propulsora que te faz avançar é sempre a tua força interior. Minha mãe, na sua sabedoria de autodidata, me dizia: "Tudo o que você quer você pode". E a partir do despertar dessa consciência surgiu em mim uma nova mulher.

    Essa nova mulher foi construída com anos de muito estudo, dedicação e resiliência. No início meu foco foi mergulhar no trabalho, larguei a profissão de professora, realmente essa profissão não me garantia uma renda com a qual pudesse me manter, já que agora eu tinha que garantir meu sustento sozinha. Fui atuar como instrutora de treinamento num grande banco, uma verdadeira escola, em que meu trabalho consistia em receber treinamento na matriz, no sudeste do país e multiplicar esse conhecimento nas agências, pelos lugares mais longínquos da região Norte e Nordeste do Brasil. Dediquei cinco anos da minha vida nessa atividade e tive a oportunidade de conviver com os mais diversos tipos de pessoas e as mais diversas situações e adversidades. Aprendi muito durante esse período. Foi aí que descobri que eu queria mais, eu precisava de mais, conhecer mais sobre pessoas, me autoconhecer para, com base no meu autoconhecimento, lidar de maneira cada vez mais assertiva no meu dia a dia, nos meus contatos diários com as pessoas, fosse no trabalho, na vida pessoal ou mesmo nos encontros e situações inesperadas e inusitadas que a vida nos põe à frente.

    Voltei para a universidade, dessa vez para cursar uma pós-graduação em Gestão de Pessoas; a essa altura eu já estava atuando como Coordenadora de RH e cada vez mais o trato com pessoas me envolvia e me fazia ter a certeza de que eu estava no caminho certo, que esse era o meu propósito e era isso que eu queria fazer; era esse o caminho que eu queria trilhar. Recrutar, selecionar, treinar e participar do desenvolvimento e crescimento profissional das pessoas dentro da organização enchia meu coração de satisfação, me proporcionava um sentimento de dever cumprido, missão cumprida. Mas ainda me faltava muito.

    Foi então que conheci o amor da minha vida, me casei, engravidei e tive uma linda menininha. Minha filha não foi sonhada, não foi planejada; no entanto, foi a surpresa mais agradável, mais desafiadora e arrebatadora da minha vida. Foi tudo muito repentino, eu era uma solteira inveterada, daquelas que achava que nunca iria se casar, pois só pensava em trabalho, em diversões sem compromisso. Do nada me vi diante de uma gravidez de risco, que parou minha vida profissional, naquela época não se falava em teletrabalho ou home office, ou se estava presente na empresa ou não se trabalhava. Estive internada durante quase toda a gravidez, tendo por vezes que, por pressão médica, decidir entre minha vida e a vida da criança; e eu optei pela vida dela, com todas as minhas forças eu insisti e persisti em seguir com a gravidez, tendo ao meu lado meu marido, meu incansável companheiro, que segurou na minha mão durante toda essa difícil jornada. Diante de todas as evidências de que não havia possibilidade eu acreditei no impossível, e Deus me presenteou com uma filha maravilhosa, que desde o seu nascimento só me dá alegrias. Hoje já uma mulher, profissional do ramo jurídico, seguiu a vocação que está no sangue das veias da família materna, e é meu grande orgulho, minha linda advogada.

Após a licença-maternidade voltei ao trabalho. Quando todos pensavam que eu não teria mais ânimo e disposição para seguir me dedicando à vida profissional eu decidi aplicar minha experiência na vida pessoal, treinei uma pessoa para ser babá da minha filha e voltei à minha rotina organizacional de trabalhar até 12 horas por dia, sempre com um sorriso no rosto, enfrentando os mais diversos desafios. Desde ser aceita de volta como gestora pelo meu time, pois acreditavam que após 12 meses afastada a empresa me mandaria embora (mas isso não aconteceu), até conquistar novamente meu espaço e o respeito das demais gerências e ser escolhida para comandar a Gestão de Pessoas num dos maiores processos de fusão de empresas já ocorridos no Brasil, desafio este que me gerou muitos bônus, inclusive financeiros; mas não se enganem, também me gerou o ônus de perder amizades que não compreenderam determinadas decisões tomadas. Porém assim é a vida, e o importante é estarmos cientes de que fizemos o melhor e que estamos de bem com nós mesmos; ainda que muitos possam vir a nos julgar, é necessário virar a página, pensar no todo e seguir adiante.

E durante esse turbilhão de conquistas, desafios e oportunidades, mais uma grande dor abalou minha rotina, a perda do meu pai, homem sábio, rígido, de poucas palavras, mas que quando abria a boca era para pronunciar palavras de forte impacto, que levavam qualquer pessoa a refletir e repensar sobre suas atitudes e conceitos. A essa altura eu já havia descoberto a minha profunda dificuldade de lidar com a morte e o quanto essas perdas me abalavam.

Levantar e seguir em frente após mais essa perda não foi nada fácil, mas dessa vez eu tinha uma razão maior para reagir, tinha uma bebê em casa, e se entregar ao sofrimento não podia ser uma opção. Novamente, mergulhar na vida profissional foi minha decisão. A vida profissional sempre foi minha válvula de escape, apesar de trabalhar muito, sempre tive muita satisfação naquilo que faço. Trabalhar com gente, como gestora de RH, participar do primeiro contato do colaborador com a empresa, fortalecer essa relação por meio da comunicação, da estratégia organizacional, disseminar a cultura da empresa, implementar ações de desenvolvimento profissional, pessoal e melhoria da qualidade de vida dos colaboradores e da comunidade ao redor, com atitudes éticas, transparentes e de respeito à diversidade, criando um ambiente saudável dentro da empresa, agradável e de convívio sadio. Sim, isso não é sonho, é e sempre foi o meu propósito, é a minha forma de dar a minha colaboração em prol de construir um mundo melhor.

Segui buscando meu desenvolvimento, e a vida me presenteou com oportunidades de gestão em empresas fantásticas, pelas quais eu tenho muita gratidão e a quem de certa forma devo meu sucesso profissional e financeiro. Tive a oportunidade de participar de inúmeros cursos, entre eles: Liderança, Gestão estratégica, Gestão de desempenho, Negociação e Comunicação. Tive a oportunidade de conhecer metodologias que incluíam avaliações comportamentais, testes de personalidade, usando teorias e ferramentas como Janela de Johari, MBTI e DISC, até conhecer o coaching.

Nos inúmeros congressos de que participei no eixo Rio-São Paulo, conheci várias consultorias de Coaching, mas foi em Manaus que tive meu primeiro contato com a metodologia por meio da ACI (Academia de Coaching Integrativo), hoje Academia de Competências Integrativas.

Minha formação em Coaching Integrativo foi algo fantástico e revolucionário. Foi um processo que realmente me tirou da acomodação. Sim, eu estava acomodada, achando que eu já tinha conquistado tudo o que almejava e já podia me aposentar (risos). O *coaching* me levou, por meio da autoanálise, a um local de metas e desafios diários que dão cada vez mais sentido à minha vida. Mergulhei no conhecimento teórico e pude estabelecer conexões com a prática e a minha própria vivência profissional e pessoal, levando-me a reconhecer o meu propósito. Com a aplicação do coaching superei meus medos e bloqueios, comecei a praticar mais a empatia em casa, no trabalho, nos meus relacionamentos diários e descobri que há sempre uma forma de se fazer melhor, de estar melhor, de ser melhor a cada dia; não só para si mesmo, mas também para o outro. Mas para que isso aconteça é necessário o comprometimento pessoal e individual com cada tarefa, cada meta ou objetivo traçado para a sua vida.

Atualmente me sinto plena, realizada e cheia de planos e ideias para o futuro. Estou consciente de que o meu crescimento profissional e pessoal depende de mim, da minha determinação e das minhas conquistas diárias. Ainda que de vez em quando sempre tenhamos que rever a rota, replanejar e recomeçar, isso faz parte do crescimento e do desenvolvimento de qualquer pessoa. Estou me desenvolvendo como empreendedora e sei que ainda tenho muito a sonhar e a realizar, pois o sentido da vida é sim sonhar, estabelecer planos e realizar, para si, para o outro, para o mundo.

APRENDENDO A ORGULHAR-SE DA CAMINHADA

Durante a minha vida profissional, fui colhendo conquistas e vitórias mas, também, algumas frustrações e derrotas. À medida que os anos passam e nos posicionamos na chamada "zona de conforto", por vezes, tememos fazer uma verdadeira autorreflexão e um balanço honesto de como nos sentimos em nossa vida profissional. Foi no momento de finalmente decidir sobre uma transição de carreira, após 23 anos dedicados a uma única instituição, que eu precisei parar e verificar que meu olhar em relação ao caminho que construí e percorri era motivo de muito orgulho. Que a decisão de mudar não significava que eu havia falhado, pelo contrário, era sinal de que eu tinha muita coragem de seguir outras veredas na vida profissional.

FABIANA MACEDO TADIELLO

Fabiana Macedo Tadiello

Graduada em Direito pela Universidade de São Paulo, pós-graduada *lato sensu* em Direito Tributário pela Fundação Getulio Vargas em São Paulo, pós-graduada em Direito Tributário Internacional pela New York University. Especialista em Direito Tributário, com vasta experiência em planejamento, consultoria e contencioso na área tributária. Foi sócia do Veirano Advogados, onde atuou por 23 anos. Atualmente, é diretora de planejamento tributário Latam no Grupo Pirelli. Mãe da Laís, da Luísa e do Francisco. Bailarina e música.

Contatos
fhlmacedo@yahoo.com.br
linkedIn: fabianamacedotadiello

Há pouco mais de um ano, Fabiana me procurou para conversar sobre um processo de transição de carreira. Ela queria sair de onde estava, um dos maiores escritórios de advocacia do país, no qual havia ficado por mais de 20 anos. Fabiana é advogada, tem excelente formação, e vinha de um lugar onde muitos sonham estar. Mas ela queria uma vivência no mercado corporativo, trabalhar em uma empresa, com novos ares, novos desafios.

Começamos o trabalho de mentoria e, logo no início, ela já estava contratada por uma multinacional italiana. Foi tudo muito rápido. Fabiana é perspicaz e se adapta com facilidade em qualquer ambiente. Ela está muito disposta nesta nova fase, está aprendendo italiano, aprendendo o que é ser diretora em uma multinacional, e o que é atuar em um universo que não é feito apenas de advogados. Ou seja, aprendizado o tempo todo, fora da bolha do passado.

Para além da competência e do reconhecimento do valor da Fabiana, creio que a palavra coragem exprime bem a razão de ela estar neste livro. Fabiana é mãe de gêmeas e durante a pandemia de covid-19 teve um outro bebê. Ainda com um bebê de colo, respirou fundo e resolveu repaginar sua carreira, dar um novo rumo à sua vida. Tudo isso sem abrir mão da sua arte – Fabiana é música e bailarina. E uma das pessoas mais gentis que conheci.

Ela é exemplo da importância de reconhecermos nosso passado, com todos os acertos e aprendizados, para potencializarmos nosso posicionamento profissional.

Rebeca Toyama

Fabiana Macedo Tadiello

Quando olhava para o ano de 2023, imaginava que meu maior desafio do ano teria sido a decisão de realizar uma transição de carreira, o tema principal deste "suado" capítulo. Porém, estava muito enganada. Meu maior desafio, na verdade, foi parar, por algumas horas, para escrever brevemente sobre mim e tornar, de alguma forma, a minha história profissional em inspiração para pessoas que, como eu, um dia olharam para si e decidiram mudar um grande aspecto da própria vida.

Fazer o exercício de olhar para dentro de si, orgulhar-se da própria caminhada e contá-la para as pessoas não é tarefa fácil, ainda mais para alguém que saiu há muito pouco tempo de uma zona de conforto profissional e que, ao longo dos últimos anos, passou a questionar o propósito da carreira que estava construindo.

A verdade é que todas as áreas de nossas vidas caminham de alguma forma juntas. Quando comecei a me questionar mais intensamente se a carreira que estava trilhando de fato me preenchia, me fazia feliz, todas essas dúvidas também decorriam de uma fase na vida pessoal muito difícil, iniciada na pandemia. Ressignificar a autoestima, o verdadeiro amor conjugal, a vida em família e, principalmente, a força espiritual que ficou por alguns anos deixada de lado também teve como consequência questionar de maneira profunda o significado da carreira que estava traçando.

Histórias que transformam

Porém, antes de tomar uma decisão definitiva pela mudança, foi necessário olhar para trás e aprender que um período de insatisfação profissional não pode destruir uma história de sucesso. É muito comum que passemos a questionar nossas próprias capacidades quando não estamos muito felizes na nossa profissão, quando nem todos os planos que sonhamos realmente se concretizaram. E este pode se tornar o motivo errado para a mudança. Antes, é preciso reconhecer e se orgulhar do caminho percorrido, do conhecimento adquirido, do reconhecimento conquistado, livrar-se de crenças limitantes e da procrastinação, para, então, fazer um balanço muito honesto da situação e tomar uma decisão da forma mais consciente possível.

Para mim, passar por esse processo não foi nada fácil. Embora eu me considere uma profissional muito bem qualificada e uma pessoa muito bacana, por muitas vezes entendia que várias das minhas conquistas haviam sido fruto de algum tipo de sorte (na verdade, de uma predestinação, já que não acredito em sorte propriamente dita), e não de um genuíno esforço e dedicação de minha parte. Além disso, sempre me considerava a única culpada pelos planos não alcançados, como se o ambiente profissional muitas vezes tampouco estivesse revestido de vieses e algumas injustiças.

Enfim, para fazer o tal balanço honesto da situação, não era suficiente apenas uma autorreflexão. Foi preciso ouvir muito também, de amigos, de colegas de profissão, do marido, da terapeuta e, principalmente, da minha mentora importantíssima para este processo, que eu sou um "case de sucesso" e que o fato de não estar feliz na vida profissional, em primeiro lugar, não era culpa exclusiva minha; e, mais do que isso, não me tornava um fracasso ou destruía tudo o que eu construíra até então. Pelo contrário: tomar uma decisão de mudança me tornava ainda mais forte e evidenciava a coragem de "se provar" novamente em um novo ambiente corporativo.

Fabiana Macedo Tadiello

Eu costumo dizer que tornar-me uma advogada tributarista foi quase resultado de um acidente (vamos chamar de predestinação novamente). Venho de uma família de classe média, simples, mas que sempre teve como uma de suas maiores prioridades a educação, talvez até porque, mesmo sendo vencedores e construtores de um bonito legado familiar, meus pais não tiveram a oportunidade de estudar como a que proporcionaram às suas três filhas. Sendo muito estudiosa, fui capaz de entrar na melhor faculdade de Direito do Brasil, a Faculdade de Direito do Largo São Francisco.

Mesmo antes de entrar na SanFran, como carinhosamente a chamamos, eu já tinha uma certa convicção (e era um tanto influenciada pela família nesse sentido) de que uma vida estável no setor público seria meu melhor caminho. As melhores carreiras jurídicas na área pública sempre foram muito concorridas, demandando anos de estudo, mas isso nunca me assustou.

Justamente para viver um pouco deste ambiente, decidi fazer meu primeiro estágio em um tribunal. Rapidamente aprendi as tarefas que deveriam ser realizadas pelos estagiários, que se assemelhavam ao trabalho de um analista judicial em início de carreira. Aprendi muito, mas, em poucos meses, já não havia mais novidades; e isso me desanimou. Passei cerca de dez meses naquele estágio e defini que, para ter uma visão mais ampla de todas as minhas possibilidades de carreira, eu também deveria "dar uma chance" ao setor privado. E o setor privado definitivamente me conquistou e mudou todos os planos que eu já havia traçado.

No estágio no Tribunal Regional Federal eu tive algum contato mais superficial com o Direito Tributário e Previdenciário, mas foi justamente "caindo de paraquedas" na área tributária de uma *Big Law*, como são conhecidas as grandes firmas de advocacia, que esta área do Direito definitivamente me conquistou. O Tributário é para as pessoas que gostam de estudar como eu. É uma área densa, árida, que requer conhecimento também profundo de conceitos técnicos de outras áreas do Direito, de uma noção razoável de contabilidade, economia etc. Ao mesmo tempo que fiquei fascinada pelo Tributário, ele também foi razão para muitas vezes eu questionar minhas capacidades e habilidades, pois é quase impossível dominar todas as suas nuances, e eu sempre ficava com a sensação de que devia ter estudado mais, pesquisado mais, trabalhado mais, me dedicado mais.

Porém, foi nesse constante embate interno que fui crescendo na minha profissão, crescendo junto com o escritório, e por lá me vi por nada menos do que 23 anos. Desenvolvi uma experiência muito ampla. Construí neste lugar uma rede de confiança da qual não queria me desprender. Conquistei não apenas muitos colegas de trabalho, mas alguns amigos para a vida toda. No entanto, também ocorreram desapontamentos que passaram, ao longo do tempo, a me incomodar: a promoção à sociedade que demorou mais do que eu esperava, o sentimento de que a tão desejada maternidade conquistada pelas profissionais mulheres era enxergada por muitos como um desacelerador profissional, a dificuldade de vislumbrar um ambiente de fato diverso, especialmente entre as verdadeiras lideranças. As mudanças que eu esperava que ocorressem no lugar que eu considerava literalmente como uma segunda casa provavelmente demorariam demais para acontecer, e comecei a concluir que tudo de bom que me segurou por tantos anos estava começando a ser superado pela sensação ruim de não pertencimento. Mas eram 23 anos, e essa separação seria dolorida para mim.

Em primeiro lugar, não queria experimentar "mais do mesmo", ou seja, migrar para outra *Big Law*, na qual provavelmente me depararia com situações muito semelhantes, sem o lado bom do vínculo já construído. Uma migração para um escritório de médio porte poderia ser uma opção, pois provavelmente minha experiência e meu conhecimento técnicos se destacariam. Entretanto, essa mudança possivelmente também significaria ter um respaldo estrutural bem menor e, portanto, mais horas destinadas a trabalhos administrativos, que não eram o meu maior forte.

Assim, a primeira decisão tomada no início de 2023 foi a de que a transição à qual eu me dedicaria seria para o mercado corporativo, muito provavelmente para uma empresa multinacional, como era o perfil da maior parte dos meus clientes, e, portanto, em que eu imaginava adaptar-me de maneira mais rápida e tranquila.

Deparei-me rapidamente com o fato de que a transição de carreira de uma profissional sênior como eu não é tarefa fácil, especialmente porque aqueles que melhor conheciam as minhas capacidades e habilidades profissionais eram as pessoas que justamente eu decidi não acionar, ou seja, meus colegas de trabalho e meus clientes. Quando você percebe que sua rede de contatos e *networking* está tão concentrada, que chega até a atrapalhar, é um tanto desesperador. Depender apenas de vagas que apareçam no LinkedIn e de um recrutador que perceba sua existência certamente não é uma estratégia viável.

Percebi, assim, que, em primeiro lugar, os amigos que já não trabalhavam mais comigo, mas que conheciam meu valor, seriam certamente aqueles que mais poderiam me ajudar. Além disso, estava claro também que sem uma ajuda profissional eu provavelmente não sairia do lugar. Inicialmente, imaginei que deveria contratar um trabalho de reposicionamento profissional, mas não evoluí nessa frente. Conquistou-me muito mais a ideia de uma mentoria mais completa, por meio da qual eu trabalharia melhor minhas características, qualidades, imperfeições e que, inclusive, me prepararia melhor para fazer meu balanço e tomar uma decisão mais consciente.

Histórias que transformam

Foram impressionantes os questionamentos que a minha mentora me fez (e ainda me faz) ao longo do processo de mentoria. O tal exercício de olhar para trás e admirar a própria caminhada é muito mais complexo do que eu imaginava. Minha fala, minha expressão corporal, as palavras que escolho usar, contam a minha história e definem a maneira como eu quero que as pessoas me enxerguem. Infelizmente, muitas vezes eu escondia meus melhores talentos, minhas maiores conquistas e meus méritos.

Antes de concluir o processo de mentoria que me preparava para a transição, fui informada sobre uma potencial oportunidade em uma empresa exatamente com o perfil que eu imaginava ser o de mais fácil adaptação para uma transição: uma multinacional com atividade industrial no país. Um dos exercícios mais difíceis naquela ocasião foi justamente me aproximar de uma antiga amiga que já trabalhava na empresa para lhe pedir uma recomendação. Minha primeira surpresa nesse processo foi justamente a reação de gratidão e felicidade que ela demonstrou quando eu falei de meu interesse pela vaga.

A reação dela me ajudou a enxergar meu valor e foi um impulso para participar da minha primeira entrevista de modo confiante, para contar com orgulho minha história profissional, para trazer minha experiência ao encontro das necessidades da área de planejamento tributário que eu almejava liderar, sem a preocupação de seguir ao pé da letra técnicas que impressionam entrevistadores. Passei por apenas duas entrevistas mais técnicas, e uma entrevista com o Diretor de RH da empresa, já direcionada para negociação dos termos de contratação. Foi um processo surpreendentemente rápido.

Não tenho dúvidas de que a recomendação foi valiosíssima para acelerar o processo seletivo, mas, quando fiz efetivamente o exercício de contar minha história, de enumerar minhas experiências, de falar sobre minha formação acadêmica apenas nas melhores universidades, eu mesma me vi surpresa com minha capacidade e com o quanto eu posso contribuir em qualquer lugar onde for trabalhar. Escutar também os elogios sinceros e o pesar das pessoas que deixei no escritório foi empoderador.

 Esse processo todo de certa forma "atropelou" o processo de mentoria, que precisou ser adaptado à minha nova realidade, à transição propriamente dita, ao chamado *on board* na nova empresa. Não foi surpresa para mim o fato de ter sido razoavelmente tranquilo e rápido o processo de "virar a chave" para o mundo corporativo. Minha personalidade sempre me permitiu transitar com certa tranquilidade nos mais diversos ambientes e lidar com pessoas de diferentes perfis. Eu sei o momento de retrair e de expandir o ego, sou calma, tenho autocontrole para situações de estresse e considero que estas são características essenciais para um bom líder, especialmente em uma empresa extremamente dinâmica e intensa como a que estou hoje. Embora ainda esteja muito no início dessa minha nova trajetória, já percebo que o que trago de bagagem é muito precioso e que devo sempre valorizar isso.

 Há muito ainda a evoluir e transformar na minha autopercepção. Este é um processo que nunca estaciona e um desafio constante para mim. Porém, depois de tomar a difícil decisão de deixar meu lugar de conforto por mais de 20, prometi a mim mesma que não deixarei mais voltar o sentimento de angústia profissional que me tomou por alguns anos, sem abandonar minha personalidade persistente e resiliente. Depois que se arranca o band-aid pela primeira vez e se percebe que a dor inicial não demora tanto a passar, preparamo-nos para os próximos passos que forem necessários para a completude profissional e pessoal. Eu não pretendo parar de evoluir e tenho convicção de que ainda poderei contribuir em muitas situações e lugares que ainda estão por vir! Se os sonhos acabam, a vida acaba. Portanto, bora sonhar e planejar!

BREVES CONSELHOS PARA UM FUTURO CEO

Neste capítulo, apresento um pouco da minha trajetória profissional e como estou aprendendo a lidar com as características que julgo importantes para um bom líder sem perder de vista a minha identidade e o aprendizado que tive, principalmente em relação aos valores familiares.

FELIPE CLEMENTE SANTOS

Felipe Clemente Santos

Engenheiro graduado pela Escola de Engenharia Mauá (1996), com pós-graduação em Administração pela FGV, e MBA em Administração e Marketing pela Duke University. Passagens por cargos de liderança em empresas multinacionais como Alcan, General Motors, Johnson & Johnson, GE Healthcare, BD e Sodexo, no Brasil e no exterior. Atualmente, é CEO da Pixeon, uma das maiores *healthtechs* brasileiras. Com grande envolvimento em ONGs desde a infância, foi presidente executivo e do conselho de administração, e é atualmente conselheiro do IJC (antiga APAE de São Paulo), instituição cinquentenária focada no atendimento e inclusão de pessoas com deficiência intelectual. É casado e pai de três meninos, sendo o mais novo portador do espectro autista.

Contatos
felipe.clemente@mac.com
Linkedin: felipecsantos

Meu primeiro contato com o Felipe se deu por meio da indicação de sua irmã, que havia recomendado o meu trabalho a ele. À época, ele tinha alguns desafios pontuais na carreira, sobre os quais me disse que gostaria de conversar.

Felipe tem formação em engenharia e administração. É uma pessoa formal, reservada, às vezes até um pouco rígida – mas só até a página dois, como se diz. CEO de uma grande *healthtech* brasileira, ele tem um olhar extremamente humano para a vida, o que logo se percebe em um contato mais próximo. No processo de mentoria individual que ele fez comigo, Felipe foi dos mais dedicados e aplicados clientes que tenho, a despeito de sua agenda, sempre lotada de compromissos inadiáveis. Ele sempre se empenhava em entregar as tarefas no dia, cumpria com rigor tudo o que era combinado. Na verdade, tratava-se de um comportamento que refletia, além da competência, o seu compromisso e conduta no dia a dia empresarial.

Uma das razões pelas quais o trago para este livro, entre tantas outras, tem a ver com a atuação dele ao Terceiro Setor – Felipe é conselheiro do Instituto Jô Clemente (IJC, antiga Apae de São Paulo). Mesmo assim, consegue se dedicar à família, é casado, tem três filhos, sendo o mais novo portador do espectro autista. Ao mesmo tempo, tem uma vida social intensa, faz atividade física, e é realmente um exemplo de profissional que, mesmo chegando aonde chegou, não abriu mão do que considera uma das atribuições mais importantes em sua vida: a possibilidade de sempre ouvir e aprender com pessoas.

Rebeca Toyama

Felipe Clemente Santos

Nasci em uma manhã quente de janeiro, após muito trabalho dos médicos, da minha mãe e ajuda de um fórceps. Posso dizer que este foi o primeiro de uma série de desafios que enfrentei ao longo desses anos e que me ensinaram algumas lições importantes, as quais quero dividir com vocês nas próximas páginas.

A primeira e a mais importante das lições aprendi logo cedo: persistência. Quando comecei o colégio, tinha algumas limitações motoras que dificultavam a minha escrita e, também, os esportes. Era extremamente tímido e tinha um alto grau de hipermetropia e estrabismo, ou seja, era o perfeito *nerd* desajeitado, sendo o alvo preferido dos maiores *bullyings* que imperavam nas escolas nos anos 1980.

Tinha tudo para me esconder em um canto escuro da sala e botar a culpa nas minhas limitações. Mas vim de uma família de imigrantes portugueses que chegaram ao Brasil com a roupa do corpo e cuja principal fonte de sucesso sempre foi não esmorecer, não importando o desafio.

Este exemplo do meu pai, vivido em casa desde os primeiros passos, me fez sair da minha zona de conforto, enfrentar o *bullying*, transformando a frustração e a raiva em foco e obstinação. Melhorei a minha coordenação, superei a minha miopia e, aos 11 anos, já havia me destacado na natação, sendo escolhido para ficar dois meses no Estados Unidos treinando em uma das melhores escolas de nado do mundo.

Histórias que transformam

A minha persistência também me ajudou a realizar o meu sonho de fazer um MBA em uma das melhores universidades norte-americanas. Na época, trabalhava na ALCAN e fui incentivado pelo meu diretor a buscar um MBA internacional.

Então, botei meu sonho em prática e comecei a me preparar. A tarefa não seria fácil, já que menos de 3% dos brasileiros que aplicam conseguem entrar em uma escola norte-americana de renome.

A primeira etapa era um teste de raciocínio lógico chamado GMAT, uma prova dificílima. Por isso, encontrei um bom cursinho e, depois de quatro meses estudando intensamente, consegui me classificar entre os 3% melhores.

Fiquei muito entusiasmado com o resultado e, mesmo em cima da hora, resolvi aplicar para três universidades naquele ano. Infelizmente não fui bem no processo de seleção e não consegui entrar em nenhuma delas. Fiquei bastante frustrado e alguns amigos me aconselharam a prestar para universidades menores e menos famosas para não perder mais um ano.

Mas meu sangue português não desiste fácil. Depois de uma semana revisando o que tinha acontecido, entendi que meu ponto fraco era a redação e o pouco conhecimento das universidades. Contratei um consultor para me ajudar com a redação, separei as minhas férias para visitar pessoalmente as universidades que mais queria e consegui ser aceito na Duke, que tinha o quinto melhor MBA da época.

Nossos erros podem se tornar investimentos se aprendermos com eles. Portanto, não desista quando as coisas não acontecerem como o planejado; procure entender o que deu errado e utilize a informação para ajustar a estratégia.

Uma característica muito importante, mas difícil de manter conforme progredimos na carreira, é a humildade. Na medida em que vamos assumindo cargos mais importantes nas empresas, as pessoas à nossa volta começam a nos tratar de modo diferente, falando as coisas boas e filtrando as notícias ruins. Isso, se não controlado, nos leva a acreditar que somos melhores que os outros, que não erramos e este é um caminho certo para o desastre.

Quando assumi o meu primeiro emprego saído da Faculdade de Engenharia, fui contratado para fazer um processo de Reengenharia, que estava muito na moda naquela época, na área de Manufatura da Rockwell Braseixos. O processo pretendido pela administração era, na verdade, uma redução de 50% do time.

Obviamente, não fui bem recebido entre as equipes da empresa. Ninguém dividia informação comigo, os funcionários me ignoravam, sendo algumas vezes até hostis. Após três semanas de tentativas frustradas de me aproximar das pessoas, já estando prestes a pedir demissão, surgiu uma última cartada: consegui conversar com um dos supervisores e pedi a ele ajuda para me aproximar do restante da equipe.

Pedi que o encontro fosse em um barzinho próximo à empresa, para tirar o caráter formal da conversa. Depois de algumas cervejas e de ouvir o ponto de vista de cada um, expliquei sobre o Projeto de Reengenharia e que, se tivesse a ajuda das equipes, poderíamos buscar uma solução melhor juntos.

Com o apoio dos funcionários, conseguimos modernizar a forma de trabalho da empresa com a introdução de computadores, criar uma área de projetos para realocar 60% dos funcionários que dispensaria e um plano de recolocação para o restante. No final, sendo humilde, reconhecendo minhas limitações e pedindo ajuda, consegui o suporte necessário e o respeito do time para resolver a situação, ter sucesso na posição, e depois de seis meses, ser promovido a engenheiro de manufatura.

Tive este exemplo de humildade em casa. Minha avó, nascida na alta sociedade, sempre me ensinou a tratar todas as pessoas com respeito, não importando a origem ou a posição social. Como uma das fundadoras da APAE de São Paulo, ela abriu as portas da instituição para as famílias, tratando a todas da mesma forma, não tinha vergonha de admitir que não conhecia muito de administração ou de medicina, de pedir ajuda sempre que necessário. Assim, foi juntando pessoas boas de todas as classes sociais que fizeram da APAE uma das principais ONGs do Brasil.

Como líderes de pessoas, é importante sempre lembrarmos que não conhecemos tudo e que muitas vezes podemos estar errados em nossas decisões.

Nos meus trinta anos, voltando do MBA, aprendi outra lição que levo em meu coração até hoje. Desde criança, sempre fui próximo do meu avô, tínhamos conversas profundas sobre história, as razões e os motivos que levaram a grandes eventos mundiais. As conversas em seu escritório me ensinaram a sempre ouvir as várias versões de um fato antes de chegar a uma conclusão, despertaram meu interesse pela leitura e me deram a autoestima para chegar aonde estou hoje.

Infelizmente, no ano em que voltei do MBA, ele sofreu uma grande cirurgia que desencadeou um processo de demência precoce. Nos cinco anos seguintes, acompanhei um processo lento e doloroso de perder um pouquinho de um grande amigo e mentor a cada dia. Esta experiência me fez enxergar que a vida é uma viagem, na qual temos que aproveitar cada momento, pois não sabemos a hora que chegaremos ao nosso destino. Eu aproveitei cada momento possível dos cinco anos com meu avô e reflito todos os dias se não estou tão focado no futuro ou preocupado com o passado para não aproveitar o presente, principalmente as pequenas coisas, pois no fim são elas que importam.

Agora quero falar de uma habilidade e lição que só desenvolvi mais tarde em minha carreira, mas que foi importantíssima para que pudesse continuar alcançando posições maiores nas organizações. Esta habilidade é o *networking*.

Como sempre fui uma pessoa tímida e criada por pais severos, aprendi desde cedo a ser independente e fazer tudo sozinho. Isso funcionou até começar a assumir cargos maiores com responsabilidades maiores. Vi que a minha capacidade de produzir tinha atingido um teto, pois só conseguia trabalhar com a minha capacidade e a do meu time direto; não estava utilizando o poder de influenciar ou convencer outras pessoas ou times que, apesar de não se reportarem a mim, tinham a capacidade de alterar o resultado das minhas estratégias.

Um dos exemplos mais emblemáticos do poder do networking surgiu durante o MBA. Tinha como objetivo tirar o máximo daquela experiência. Então, desde cedo, me envolvi em todas as atividades que pudessem me dar novos conhecimentos e quis experimentar coisas diferentes. Acabei assim fazendo diversas amizades com alunos de outros países e culturas, criando uma grande rede de contatos.

Então, no início do segundo ano, surgiu a oportunidade para me candidatar a presidente do clube de administração, uma posição muito concorrida e que nunca havia sido exercida por um aluno internacional.

Montei a minha estratégia, busquei apoio no networking que criei no primeiro ano e descobri quem estaria concorrendo comigo. Vi que um dos possíveis candidatos poderia dividir alguns dos meus votos e formei uma chapa com ele; no final acabei ganhando a eleição. Ser presidente do Clube acabou me colocando em contato com a Johnson & Johnson, e terminou abrindo uma oferta de emprego lá, ou seja, devo a carreira que tenho hoje a este network criado sem querer no MBA.

Hoje gasto uma boa parte do meu tempo conversando com pessoas que podem influenciar as minhas estratégias futuras, entendendo seus objetivos, conhecendo mais da vida delas (esta parte é divertida), ajudando sempre que possível e mantendo informações de contato importantes (este dá trabalho... já que sou péssimo para lembrar nomes, aniversários, nomes de filhos etc.), pois sei que na hora certa este contato pode ser a diferença para uma estratégia bem-sucedida.

Gostaria de acabar o texto falando de um último aprendizado que me acompanhou por muito tempo na minha vida sem que eu tivesse consciência dele, mas que é responsável por grande parte do que sou hoje, que é sempre buscar trazer para perto pessoas que te completam.

Tive a minha primeira experiência quando fui convidado pela minha avó, Jô Clemente, em 2003, para fazer parte da nova diretoria da APAE de São Paulo, principal ONG na área de deficiência intelectual, que ela havia ajudado a fundar e que precisava urgentemente se reinventar para um mundo moderno conectado pela internet, celulares, mas ainda tão necessitado como quando da sua fundação, há 40 anos.

Entrei em um grupo de pessoas brilhantes com muito mais experiência do que eu, e já vinha me perguntando se realmente poderia contribuir quando percebi. Eu era o único no grupo que havia vivido a história da APAE desde o início, com a minha mãe voluntária, com o meu tio portador de síndrome de Down e todas as suas dificuldades, a minha função ali era ser o coração daquele grupo e confirmar que as estratégias levavam em conta a história da organização e o dia a dia das pessoas que queríamos ajudar.

Neste momento, vendo como meu conhecimento agregava as decisões do grupo, percebi o valor de trazer pessoas com experiências e conhecimentos diversos e dar a oportunidade para que sejam ouvidas, não importando a hierarquia, pois esta diversidade gera melhores resultados para o time. Isso me levou a admirar ainda mais a minha esposa, pois em muitas áreas, como a empatia e o interesse pelas pessoas, ela me supera em muito. Grande parte do meu *networking* acontece por causa dela. Seu bom humor e otimismo se unem a minha organização para ajudar a manejar o dia a dia de CEO, conselheiro de duas empresas familiares e uma ONG, uma família com um cachorro e três filhos, sendo o nosso caçula, nossa alegria, que veio a este mundo com o jeito diferente de ver as coisas do espectro autista.

Obrigado por ter me acompanhado nesta breve jornada. Deixo aqui uma frase creditada a Albert Einstein que sempre me serviu de inspiração: "Insanidade é continuar fazendo sempre a mesma coisa e esperar resultados diferentes."

Grande abraço!

10

PARA ONDE OS TRILHOS DA VIDA ME LEVARAM

De onde você vem não o define, mas o molda e vai influenciar suas decisões futuras. Com essa frase quero descrever como cheguei até aqui e como a necessidade me ajudou. A matéria-prima para a mudança foi o trabalho, o foco, a dedicação, os estudos, os relacionamentos. Apostei toda a minha energia e sorte em mudar de vida, vivi para isso, ajudei pessoas com isso. Ao atingir dei uma grande guinada e novamente recomecei, agora em outra área, na qual minha experiência contava, mas não bastava. Tive que aprender coisas novas, ouvir pessoas diferentes, me reconstruir.

JAYME PAULO CARVALHO JR.

Jayme Paulo Carvalho Jr.

É economista e mestre pela Universidade de São Paulo (USP). Exerceu a atividade de economista em bancos internacionais com grandes economistas. Logo, foi trabalhar com derivativos e, por 11 anos, fez parte da tesouraria internacional, finalizando seu ciclo como *trader* do Banco Santander, sob a liderança de Roberto Campos Neto. Comunicativo, foi alçado a estrategista de investimentos do Santander Private Banking, onde aconselhava e "descomplicava" a teoria econômica para clientes pessoa física. Foi lá que conheceu a Planejar, Associação Brasileira de Planejamento Financeiro, e fez a transição da linguagem do grande investidor para a grande massa de investidores. Professor de investimentos e finanças pessoais de MBA, foi cofundador da empresa de educação financeira SuperRico®. Junto de seus sócios, seu sonho é democratizar o acesso a finanças pessoais para a população brasileira, promovendo a transformação social e a liberdade econômica.

Contatos
jayme.carvalho@superrico.com.br
Instagram: @jayme.economia
LinkedIn: jaymepaulocarvalho

Conheci o Jayme na Planejar, Associação Brasileira de Planejamento Financeiro, da qual ambos somos associados. Ele atua no mercado financeiro e foi executivo de banco. Ao longo de sua carreira, trabalhou com profissionais de primeira linha. As impressões iniciais, porém, passavam a ideia de uma pessoa distante, um pouco reservada; no entanto, Jayme é aquilo que chamo de uma "caixinha de surpresas", o que vim a descobrir conforme fomos nos conhecendo. É claro que, como qualquer pessoa do mercado financeiro, o Jayme é alguém muito pragmático, mas sempre que conversávamos ficava cada vez mais a impressão de estar falando com um ser humano interessante, alguém que desperta a nossa curiosidade.

Em um congresso da Planejar, eu fazia o pré-lançamento do meu livro, o Jayme me procurou bem no final e começou a falar de si, contando um pouco da sua história, de suas impressões sobre a vida, o futuro etc. Foi uma conversa profunda e intensa, e logo ele me disse que queria fazer um trabalho comigo. Começamos por trabalhar o seu posicionamento profissional, mentoreando a carreira dele, abrindo espaço para novos olhares e perspectivas.

Sua história é realmente incrível. Jayme era um menino que começou ajudando o pai a tirar casca de cebola em feiras livres, e depois de muito estudo e dedicação virou um executivo de banco reconhecido. Essa é uma história que precisa ser contada, até para que as pessoas percebam que mobilidade social é algo possível e está ao alcance de quem se dispuser a percorrer esse caminho. É claro que o Jayme ralou muito para chegar aonde chegou. Mas essa é uma escolha que precisa ser reforçada diariamente. Hoje ele é sócio da SuperRico e ajuda milhares de pessoas a cuidarem de sua saúde financeira, junto com o Carlos Castro, que também está neste livro.

Rebeca Toyama

Jayme Paulo Carvalho Jr.

De onde você vem não te define, mas te molda e vai influenciar as suas decisões futuras. Com essa frase quero descrever como cheguei até aqui e como a necessidade me ajudou. A matéria-prima para a mudança foi trabalho, o foco, a dedicação, os estudos e os relacionamentos. Apostei toda a minha energia e sorte em mudar de vida; vivi para isso, ajudei pessoas com isso. Ao atingir, dei uma grande guinada e novamente recomecei; agora em outra área, onde minha experiência contava, mas não bastava. Tive que aprender coisas novas, ouvir pessoas diferentes, reconstruir-me.

Sou o mais jovem de quatro irmãos homens. Meu pai era imigrante de portugueses, de uma família de feirantes e comerciantes. Minha mãe era de origem espanhola, de família de agricultores, homens na roça, mulheres na costura. Com essa configuração familiar me lembro de meus irmãos mais velhos indo para a feira ajudar na barraca de cebola e alho do meu pai, enquanto minha mãe ficava em casa nos preparativos para o dia seguinte: preparar a réstia para pendurar a cebola. Eu, o mais novo dos homens, mais atrapalhava do que ajudava, mas lá estava.

Morávamos em um bairro na divisa de São Paulo com Guarulhos, do lado de Guarulhos. Meus avós, que moravam na Zona Norte de São Paulo, mudaram-se para lá, uma vez que o acesso era fácil via trem, na antiga linha da Ferrovia da Cantareira, que ficou eternizada na música *Trem das onze*, de

Adoniran Barbosa. A verdade é que nunca vi trem nenhum, e só via as marcas dos trilhos espalhados pelo bairro. O trem acabou em 1965, dez anos antes de eu nascer. Guarulhos se tornou um local distante, uma cidade-dormitório à margem de duas rodovias; e meus pais se referiam a ir a São Paulo como ir para a cidade. Em referência a algo distante e complexo de se chegar.

Depois de muitos anos como feirantes, meus pais mudaram para comerciantes. Vendíamos produtos para feirantes e pequenos comércios. A loja foi crescendo, hoje seríamos os precursores do Atacadão ou Assaí. Tínhamos peruas, caminhão e empregávamos várias pessoas. Minha mãe e meu pai passavam dia e noite naquele local. Eu ficava em casa sozinho pela manhã; à tarde ia para a escola e na saída ia para o comércio, no qual trabalhava algumas horas como balconista; nas férias fazia o período integral nas atividades de banco, balconista e seguia com os motoristas nas entregas. Como comerciante, vi o que era a inflação. De 1985 a 1995 foram os anos em que eu mais trabalhei na loja e tinha a função de colar as etiquetas de remarcação, até que em alguns anos não dava mais tempo de colar etiquetas, tão rápido os preços mudavam; então usávamos listas de preço coladas nos corredores da loja.

O colégio em que eu estudava era público; e, como todos de minha geração, vivia em greve, algo proibido até o ano de 1983, que depois virou uma rotina. Estudei minha vida inteira nesse colégio; as aulas de exatas eram insuficientes, biológicas até que foram boas, mas terríveis mesmo foram as aulas de inglês. Os negócios da família não sobreviveram aos diversos planos econômicos da época e meu pai entrou em uma grande depressão.

Com esse cenário, aos 16 anos me aproximei de um grupo de amigos japoneses que jogavam basquete comigo e os pais eram feirantes como os meus. Sou extremamente agradecido a Angelo, William, Emilia e Carlos (em memória), que me mostraram como eu poderia fazer faculdade, deram-me aulas particulares e me permitiram seguir no caminho que eles estavam trilhando. Fui fazer cursinho no bairro da Liberdade, onde estudavam.

Minha mãe fazia das tripas coração para pagar, porque, nesse momento, as dívidas corroíam nossas finanças; meu pai era bastante crítico ao fato de eu "gastar" dinheiro para fazer cursinho. No auge de sua depressão, chegou a falar que eu não era filho de rico nem de japonês para fazer faculdade e que deveria ir trabalhar como meus irmãos. Até hoje sou o único dos quatro que fez faculdade. É lógico que aquilo me magoou e me deu mais força para provar que eu poderia. Depois de dois anos indo para o cursinho todos os dias, de segunda a segunda, passei no curso de Economia da USP na turma de 1994 – noturno. Meu pai morreu logo no final do primeiro semestre da faculdade e teve orgulho da minha conquista.

Da universidade para a mudança de vida

Meus anos de USP foram de grande mudança em minha vida. De repente me vejo com amigos de origem totalmente diferente da minha. Gente de classe média alta, ou que passava perrengues de mudar de estado, morando em repúblicas ou com parentes. Eu, por outro lado, só pensava em uma coisa: me formar. Largar não era opção. A distância era um grande problema: demorava em média três horas para chegar de ônibus, pensava em me mudar, mas infelizmente depois que meu pai faleceu minha mãe entrou em depressão e eu, como filho mais novo, não podia me mudar de Guarulhos.

Mas tudo se acerta para quem corre atrás, concorda? Eu fui um obstinado em mudar de vida, em ajudar minha mãe e meus irmãos, que nessa época já estavam endividados – alguns com problemas com o pagamento de pensão alimentícia. A solução era arrumar um bom emprego.

Mind and close the gap!

Lá pelo ano de 1996, em uma tacada só, consegui endereçar três problemas que me tiravam o sono: 1 – a distância da minha casa para a faculdade; 2 – estudar inglês e me dedicar mais à faculdade; 3 – ter uma remuneração maior que a de qualquer membro da minha família.

Mandei CV para várias empresas do setor financeiro buscando emprego. Estágio não era uma opção, pois pagava pouco. Fui chamado para a antiga Credicard, empresa administrada pelo Citibank. Ofereceram-me uma vaga na área de telemarketing. Meu trabalho era evitar que o cliente cancelasse o cartão. Trabalhava seis horas por dia e fazia muita hora extra nos finais de semana. Para um comerciante, o trabalho não era desafiador e um tanto divertido.

Depois de três anos nesse emprego, era hora de partir. Tentei um estágio na minha área, mas o que consegui foi uma vaga na contabilidade, em que o inglês não era tão importante. O estágio pagava menos que o telemarketing, mas era preciso. Não fui um estagiário novo, pois entrei tarde na faculdade e já estava indo para o quarto ano. Eu tinha pouco tempo para me movimentar. O banco em questão era o ABN AMRO, ficava em Santo Amaro. O presidente era Fabio Barbosa; e começava ali a minha sorte de trabalhar com caras feras.

Da contabilidade para a tesouraria

Meu acordo com o recrutador e com Marcos Zoni – meu chefe na época – era de ficar pelo menos um ano na contabilidade. E assim o fiz. Um dia, fui planilhar um projeto do banco que me dava informações do salário médio por área do banco.

Jayme Paulo Carvalho Jr.

Imaginem, na mão do menino de Guarulhos que queria mudar de vida caiu uma ferramenta que respondia algo que um coach teria me ajudado, mas que eu não fazia ideia. Qual era a área do banco que tinha o maior salário médio? Nossa, aquilo me brilhava, logo vi que era na tesouraria. E para minha sorte, um colega de sala trabalhava no departamento econômico da tesouraria e precisava de um estagiário. Sorte ou talento? Defino como suor.

A tesouraria

Eu pouco conhecia do que se tratava, mas já tinha noção de que ali era onde se negociavam juros e câmbio. O trabalho era fazer análises econômicas que dessem suporte para os negociadores (*traders*). Constantemente éramos chamados para conversar com clientes e falar de nossas projeções que eram usadas nas metas de orçamento. Lá pelos anos 2000 o ABN AMRO comprou o Banco Real.

Em pouco tempo me formaria e seria efetivado. Muita alegria. Trabalhava com um cara muito legal, atualmente economista da Febraban, que deixou o banco para trabalhar no Tesouro Nacional e que fez um grande serviço ao Brasil. Foi o responsável por colocar no ar o Tesouro Direto. Falo de Rubens Sardenberg. Já na Paulista e no Banco Real, fomos informados de que chegaria para substituir o Rubão, e ser nosso chefe, um economista que tinha ficado mais de 15 anos no exterior, tendo fez PhD e trabalhava no FMI. Carioca, reservado e de grande inteligência, era o Mário Mesquita, hoje economista do Itaú. O Mário veio com modelos sofisticados e deu um *up* nos relatórios que fazíamos.

Pulando de galho

Terminada a faculdade, emendei o MBA em finanças no Ibmec e isso me ajudou muito a entender o que a tesouraria de fato fazia. A chegada ao mercado de caras como o Mário me fez pular de galho. Era evidente para mim que para ocupar o cargo de economista-chefe tinha que ter um baita CV, e vários economistas estavam voltando do exterior.

Minha experiência em falar em público e formação no MBA me deu uma oportunidade de trabalhar na mesa de derivativos, mais propriamente em opções de câmbio. Opções era algo complexo e que me dava um trabalho para entender a matemática. Tinha como chefe um holandês jovem, de bom coração e que me ajudou muito. Aqui fui feliz, eu era responsável por ajudar na venda das estruturas de derivativos para os clientes que compravam proteção de maneira desesperada, por conta do líder nas pesquisas eleitorais: Luiz Inácio Lula da Silva, que virou presidente da República em 2002.

Jovem, cadeira na tesouraria e ganhando dinheiro. Era tudo o que eu queria, e acumulava o que ganhava. Queria muito ter tido um *coach* que tivesse me dado uns toques. Por isso aceitei escrever este capítulo. Principalmente em relação ao que minha carreira poderia se tornar, e de que ela ainda seria longínqua e quais eram as dimensões dos bônus pagos. Teria feito diferente, teria mudado para mais perto antes, talvez tentado uma vaga no exterior.

Na tesouraria, junto de um amigo, assumimos a vaga do holandês. Era, de fato, muito risco na mão de dois jovens. Era resultado diário da ordem de milhões de reais, e surfamos em várias crises. Na tesouraria é preciso não quebrar e saber colocar risco nos momentos certos. Às vezes acontece o imponderável e você perde: apesar das crises foram anos virtuosos, de resultados positivos e muita experiência em gerenciar ativos financeiros.

Jayme Paulo Carvalho Jr.

Resolvida a carreira, hora da família

Em 2005 me casei com a Andrea, uma bela executiva do Unibanco. Mulher alegre, virtuosa, carioca e cheia de amigos. Tivemos dois filhos. Eu finalmente tinha segurança financeira e uma família estruturada. O casamento durou 18 anos de muitas realizações familiares e financeiras, mas os caminhos que segui de alguma forma influenciaram no fim do relacionamento.

O período de 2007 a 2011

Em um movimento surpreendente o ABN Amro foi implodido pelos fundos controladores e vendido em partes. A parte do Brasil coube ao Santander. O banco espanhol era agressivo, bem diferente do ABN. Eu fui negociar NDF – um tipo de derivativo de câmbio, atendendo a fundos internacionais. Tínhamos como chefe direto o Roberto Campos Neto, hoje Presidente do Banco Central. Um cara gente boa, que trabalhava muito e aguentava muito desaforo do chefe. Foram três anos respondendo para ele e depois para o meu amigo Felipe Guerra, hoje dono do Fundo Legacy.

Lá por 2011 eu já estava exausto do que fazia; depois de 11 anos de tesouraria, meus exames de sangue não eram bons, meu humor ácido e minhas noites de sono péssimas. Foi quando, com a ajuda do José Berenguer, hoje presidente do Banco XP, fui trabalhar no Private Banking com a Maria Eugenia Lopes, profissional respeitada e de carreira do banco. Fui ser o CIO (Chief Investment Officer) do Santander Private, ou seja, decidia aonde o cliente colocaria o dinheiro.

Foi a oportunidade de ter equipe, éramos quatro e voltei ao tempo de economista, mas com a experiência de *trader*. Voltei a me mostrar para o mercado, comecei a participar de fóruns na Anbima e tirei o CFP. Logo, representava o Private na Planejar, na época IBCPF (Instituto Brasileiro de Certificação de Profissionais Financeiros).

De CIO fui trabalhar na área comercial. O desafio de gestão só cresceu. Tinha uma equipe sênior, que tinham salários maiores que o meu. Tive que receber muito feedback para entender que isso fazia parte. Logo a área tinha quase 30 pessoas espalhadas por quatro estados. Consegui o respeito e parceria de todos. Novamente faltou alguém para me alertar que aquela cadeira era na verdade uma catapulta; eu tinha um cargo alto e acesso aos maiores clientes do banco. Em um movimento natural no meio corporativo, o banco trocou de presidente, assumiu o competente, mas controverso, Sergio Rial; e do dia para a noite ele decidiu que a vaga não era para mim e contratou duas pessoas para a posição. Fui trabalhar parcialmente com o Sergio, ajudando a pensar novas ideias dentro do mundo de gestão de investimento. Em uma dessas pesquisas, pude conhecer um modelo de negócio similar ao que hoje é a SuperRico.

Uma nova fase

Aos 42 anos, com um ótimo pé-de-meia, saí do banco. Estava no meu *high* de carreira, meio deprimido, meio emputecido; estava bem perdido quanto ao que fazer. Logo fui fazer um curso na Califórnia, emendei num evento de Planejadores Financeiros nos Estados Unidos, onde tive a grata sorte de conhecer o Carlos Castro, que já havia desenhado a SuperRico como eu pensava, mas ainda estava em transição de carreira. Logo ficamos sócios e, como eu estava fora do Corporativo, topei dar os passos iniciais, como abrir empresas, fazer pontes com pessoas e parceiros.

Hoje a SuperRico é uma empresa em crescimento, transformadora. Cuido das estratégias de investimentos, como fazia para os clientes bilionários. Minha experiência se soma à de

Jayme Paulo Carvalho Jr.

muita gente boa e com história diferente da minha. Além de minhas funções do dia a dia, sou sócio e conselheiro. Dou aulas em nosso curso de formação de Planejadores. Voltei a dar palestras de economia, agora somando à minha bagagem a experiência de ter montado um negócio. Ou seja, atingir a meta da liberdade financeira não bastou, queria fazer algo novo e me dedicar a novos projetos. Atualmente com 48 anos, voltei às origens de minha família como empresário. Os trilhos da minha vida me levaram por diversos caminhos, mas voltei às origens. Não mais por necessidade, mas por escolha própria.

NOSSAS ODISSEIAS PESSOAIS
A JORNADA DO HERÓI QUE TODOS COMPARTILHAMOS

Na vastidão do existir, somos todos protagonistas de nossa jornada do herói. Entre tantas questões, encontramos significado na importância universal dessa epopeia pessoal, forjando caminhos que transcendem as fronteiras individuais. "Em cada 'Mas', descobrimos que, mesmo nas minúcias da vida, somos, de fato, heróis em nossa própria narrativa, traçando destinos na imensidão da jornada de nossas histórias."

LUCIANA VANZO

Luciana Vanzo

Luciana Vanzo de Barros Viana é uma psicóloga com uma carreira enriquecedora e diversificada. Formada pela FMU-SP, tem quase 20 anos de experiência, durante os quais se dedicou não apenas à prática clínica e hospitalar, mas também teve um papel significativo em RH. Luciana foca em oferecer atendimento clínico a adolescentes e adultos, além de facilitar grupos terapêuticos. Ela presta consultoria a empresas, trazendo sua *expertise* e abordagem humana para o mundo corporativo e organizacional. Além disso, como ativista quântica certificada pelo Center Quantum Activism, continua a expandir seus horizontes, explorando novas dimensões do corpo, da mente e de alma. É proprietária da Humana Mundi e idealizadora do projeto HM Arte em Terapia, que visa integrar a arte ao processo terapêutico, criando um *setting* que promove a transformação pessoal por meio da autoexpressão e do autoconhecimento.

Contatos
lucianavanzo@humanamundi.com
Instagram: lucianavanzo

Uma das diretoras da Alubrat (Associação Luso-Brasileira de Transpessoal), Maria Cristina Barros foi quem me apresentou sua sócia, Luciana Vanzo. Naquele momento, estavam prestes a abrir a empresa delas, a Humana Mundi, um espaço dedicado a atendimentos terapêuticos, à saúde e ao equilíbrio entre corpo, mente e alma. Houve, logo de início, um encantamento mútuo, de primeira vista, entre nós. A Luciana, uma pessoa muito intuitiva, me falou de um sonho simbólico que havia tido comigo – assim como ela também havia sonhado com a Maria Cristina antes de inaugurarem seu espaço.

Depois daquele encontro, estabelecemos uma parceria e lançamos uma turma de formação profissionalizante da ACI dentro da Humana Mundi, quando a própria Luciana foi nossa aluna. Após isso, foi muito interessante observar a evolução dela como psicóloga e empresária, apropriando-se e potencializando a metodologia da ACI nos seus trabalhos, agregando outros profissionais ao propósito de levar esse lado transpessoal a várias empresas e empreendedores.

Luciana, como ela conta no seu capítulo, teve uma história difícil, de vários assédios e abusos, tanto na infância quanto na adolescência – e também no início da carreira profissional. Apesar disso, ela tem um histórico de superação, e um astral contagiante – o mundo pode estar de ponta-cabeça que ela vai sempre encontrar um motivo para extrair um sorriso de quem estiver ao seu redor. Ela está neste livro por isso, e também pela sua garra, pela obstinação em atuar no mercado corporativo como psicóloga e empresária, bem como por levar essa mensagem de saúde e autoconsciência, valorizando a espiritualidade e a energia da alma.

Rebeca Toyama

O eco silenciado: em busca da emoção do feminino roubada

Sou psicoterapeuta, uma ouvinte de histórias de vida, imersa nas nuances emocionais que cada relato carrega, mas neste momento falarei de mim. Enquanto compartilho estas palavras, estou numa tarde ventosa de primavera, sinto-me em casa, parece que nasci para realizar exatamente isso.

Filha de Cleusa e Osvaldo, irmã de Júlio César, Simone e Luís Felipe, a vida se apresentou para mim de maneira simples. Meu pai, um pernambucano de garra, veio para São Paulo em busca de oportunidades, enfrentando adversidades desde a juventude. Sua trajetória é marcada por superação, tuberculose e a conquista de uma carreira acadêmica, redigindo, inclusive a enciclopédia da Editora Melhoramentos, sendo auditor no Banco Itaú e professor de inglês e português. Papai morou na rua, mas não deixou que os filhos morassem. Trabalhou até se aposentar.

Após a minha mãe deixar a tranquilidade do interior para imergir na metrópole durante sua adolescência, teve um enlace com meu pai. Ela capturou a atenção dele em uma padaria, dando início a um encontro casual que resultou em 34 anos de união. Ao decidirem trilhar esse caminho juntos, desafiaram as resistências familiares dele, principalmente ao saberem da gravidez de mamãe. Minha chegada ao mundo foi apressada, dentro de uma perua, durante o trajeto para o hospital, o que gerou alvoroço. Durante o parto, o rosto de minha mãe adquiriu uma tonalidade intensa, semelhante à de Nossa Senhora Aparecida.

A incerteza sobre minha verdadeira paternidade deixou uma marca profunda no coração de minha mãe, intensificando-se durante um diálogo crucial no momento pós-parto, em que dizia: "Essa criança não é tua, Osvaldo!". Quando discutimos o poder do feminino, percebo que, no meu caso, ele teve seu início nesse momento. Possivelmente, meu primeiro contato com o sentimento de medo e de não pertencimento aconteceu na fase perinatal.

O tal do DNA nunca foi feito e, apesar de as características físicas serem distintas, sou a imagem viva do meu pai, reproduzindo sua personalidade de maneira incontestável. Uma promessa foi feita por minha vó materna: "Se a criança não for realmente filha dele, que morram as duas na mesa do parto!". No entanto, a mesa do parto testemunhou minha vida, assim como mamãe se transformando na aparência da Santa; e cá estou eu, viva. Portanto, foi considerado uma prova divina de que, sim, "eu pertenço" a esta família e ancestralidade.

"Não, tio, eu não quero!"

Na infância, meus pais confrontaram desafios distintos dos vividos por meu pai ao chegar a São Paulo. Em meus três anos, mudamo-nos para a Vila Ida. Alugamos um modesto quarto-cozinha. Essa etapa foi marcada pela experiência dolorosa de abuso. Residíamos em um cortiço, onde, nos fundos, uma família com vários irmãos compartilhava o espaço. Uma das irmãs gostava de brincar colhendo matinhos enquanto brincávamos de casinha. Ela assumia o papel de mãe de maneira severa, Ela dizia: "Você é a filhinha, e eu sou a mamãe.

Então a filhinha tem que obedecer a mamãe!", representando uma mãe castradora.

Como se não bastasse, um dia, brincando inocentemente na casa dela, seu irmão mais velho, disse: "Vem aqui, vamos brincar de cavalinho". Enquanto a menina foi buscar algo, o rapaz de 17 anos me colocou em seu colo; e eu me lembro da sensação de abuso, sabe? Por Deus, meu pai que estava a me procurar flagrou a situação, arrancando-me do colo dele. Foi um "pega pra capar!". O rapaz fugiu para o norte. Após o ocorrido, papai decidiu que deveríamos mudar dali, adquiriu um empréstimo que o endividou completamente, e comprou nossa primeira casa em Osasco.

Livre? Que nada! Aos 11 anos, outro processo de abuso, agora por parte de primos e tio. E tudo acontecia assim, "debaixo do nariz de todos". Os pais não viam nem percebiam isso. Mesmo sendo a vítima, sentia-me culpada e permanecia calada. Lembro-me de fugir das investidas, dizendo: "Não, tio. Eu não quero!".

No dia da morte de meu tio, aproximei-me do caixão e falei: "Vai em paz, eu te perdoo! Você não sabia o que você estava fazendo com aquela criança".

Fora da medida: abuso na indústria da moda

Na juventude tornei-me modelo, desfilando e posando para fotos, mas nesse universo glamoroso os abusos também se manifestavam. Meu pai não apoiava, e minha mãe recorria a empréstimos para investir em *books* e roupas novas.

Apesar das oportunidades que surgiam, as críticas reverberavam: "Encantadora, mas com 48 quilos". Esse tipo de comentário marcou meu primeiro encontro com a implacável pressão dos padrões de beleza.

Minha participação na Hair Brasil 90, como modelo de cabelo, foi uma jornada marcante, embora repleta de estresse, especialmente quando meu merecido cachê não se concretizou. Decidi romper com os padrões inflexíveis impostos pela indústria da beleza.

E se para as passarelas meus cabelos loiros e olhos azuis não eram tão perfeitos assim, para as garotas da escola muito menos. Perdi as contas de quantas vezes precisei sair mais cedo, para escapar das meninas que me perseguiam violentamente. É inaceitável que uma criança tenha que enfrentar o *bullying* sozinha. Aos 14 ou 15 anos, tomei consciência da realidade e pensei: "Não quero essa vida para mim. Preciso trabalhar, conquistar minha independência. Não vou me permitir passar por isso."

"'Pois o mundo lá fora num segundo te devora.' Dito e feito, mas eu não dei o braço a torcer"

Ao crescer, entrei em um relacionamento, acreditando que precisava ser amada de uma maneira diferente do habitual visto em casa. Conheci C., um homem intensamente apaixonado, mas tóxico. Pouco a pouco, vi meu feminino sendo reprimido. Eu não queria continuar na vulnerabilidade do feminino por fidelidade nem repetir padrões. Então, decidi me inscrever no vestibular e cansada dos abusos encerrei a relação. Matriculei-me no curso de Psicologia na FMU, fui aprovada em terceiro lugar e arrumei um novo emprego.

Iniciei minha carreira na área comercial ainda cedo; e, posteriormente, trabalhei como terceirizada para um banco, cuidando do *helpdesk* interno, quando, então fui para a empresa de *software* estatístico. Na ocasião, tirei a minha carteira de motorista e com o recurso do meu salário, comprei meu primeiro carro, um Ford Ka; assim, ia, diariamente, de Santo Amaro Brooklin para trabalhar.

O veredito: vai dar para mim ou não?

Durante meu período na empresa de *software* estatístico, sofri três episódios de assédio moral, sexual e espiritual. O assédio moral incluía perguntas como "vai dar para mim ou não?". Apesar de recusar suas investidas, ele repetia ciclos de promessas e demissões, acompanhados do gesto de rasgar meus avisos prévios no último dia, causando em mim uma ansiedade e pressão psicológica profunda. O assédio evoluiu para uma dimensão sexual, incluindo toques no meu cabelo e em mim. Ao partilhar o drama, em casa, ouvia sugestões do tipo: "Aguenta! Ele até parece ser uma pessoa agradável!", "Ele é rico, por que você não dá uma chance a ele?". Contudo, não cedi, o que ocasionou na minha demissão e de minha equipe.

As tantas trapaças da vida fizeram que eu experimentasse um processo de despersonalização, perdendo aquele feminino doce, que deveria ser caracterizado pela doçura e pela amabilidade.

Do chão à oportunidade: o recomeço na empresa de contabilidade

Por meses, após as aulas, eu fazia a limpeza de salas comerciais. Essa atividade me permitiu pagar as últimas mensalidades da faculdade. Não demorou muito para surgir uma oportunidade numa empresa de contabilidade. Apesar da minha inexperiência em secretariado e da falta de conhecimento em contabilidade, destaquei minhas habilidades.

Com duas amigas da faculdade, decidimos montar um consultório. Juntas, alugamos e mobiliamos uma sala. Ao término da faculdade, nosso consultório estava pronto. Contudo, não havia pacientes. Recordo-me de sair apressada da empresa onde trabalhava das 8h às 18h, para chegar ao consultório à noite em Santo Amaro.

Em um instante de preocupação, sentei-me e orei entregando-me a Deus. Eu precisava conseguir pagar o aluguel do espaço. Nesse momento, recebi uma ligação do porteiro do prédio, informando que o panfleto que eu havia distribuído trouxe uma pessoa interessada em fazer terapia.

Meu primeiro paciente foi um homem de grande poder aquisitivo que consumia muita cocaína diariamente. E assim dei início à minha carreira, abordando temas como dependência química e homossexualidade. Além disso, realizei estágios com mulheres vítimas de violência doméstica, crianças expostas a abusos e casos relacionados ao consumo de bebida alcoólica e drogas.

O segundo consultório e o encontro de almas com o amor da minha vida

Em 2002, na empresa de contabilidade, conheci o Fernando. Sinto que o escolhi em vidas passadas. Meu amor por ele é tão profundo que não poderia ter escolhido um pai melhor para o meu amado filho, Gustavo. Tempos depois, concentrei as minhas atividades exclusivamente no ambiente corporativo. Mesmo assim, continuei trabalhando incansavelmente, desencadeando *burnout*. Em determinado momento, dei entrada no hospital com sensação de AVC; e o diagnóstico foi claro: estresse excessivo. Então, percebi que não poderia continuar daquela forma. Planejei-me, participei de um curso com Amit Goswami sobre física quântica e pedi demissão. Em seguida, montei a minha segunda clínica na Vila Leopoldina. Preparei o espaço com carinho, uma clínica encantadora que batizei de Ápice.

Humana Mundi

Encontrava-me satisfeita na Ápice, quando conheci a M. C., uma psicóloga transpessoal. Em certo momento, tive um sonho em que ela me dizia: "Preciso falar com você!" Como alguém sensível, compreendi que a mensagem tinha um caráter espiritual e resolvi convidá-la para almoçar e compartilhar o sonho que tive. Ao final, ela também compartilhou o sonho de vida dela, que coincidia com o meu. Propus que ela fosse minha sócia e entusiasmadamente ela respondeu: "Eu estava esperando você!".

Estávamos em busca de um espaço que ultrapassasse o aspecto físico, um espaço alinhado ao propósito de nosso projeto. Encontramos a resposta na Vila Leopoldina, na Rua Cordilheiras, 163. Esse local transcendeu a esfera física; ao entrar, experimentamos uma conexão profundamente espiritual.

Na Humana Mundi valorizamos a espiritualidade e a energia da alma, buscando transmitir significado aos visitantes sem a necessidade de explicações detalhadas sobre o projeto. Desde o primeiro dia, as pessoas que entram aqui expressam apreciação pela experiência, percebem a energia curativa e a atmosfera calma.

O propósito fundamental da Humana Mundi é oferecer saúde e autoconsciência. Valorizamos a saúde como nosso recurso mais precioso e buscamos promovê-la plenamente, concentrando-nos no equilíbrio entre corpo, mente e alma.

Ao chegar aqui, percebo que todos estamos constantemente na jornada do herói, buscando tornar nossa história de vida interessante e feliz. Minha família, meu filho, meu marido, meu pai – uma inspiração – compõem a sinfonia da minha existência. Nesta tarde repleta de emoções, entrego-me à narrativa transcendente, tornando-me a personagem principal. Ciente de que em alguma esfera temporal talvez eu me transforme na leitora, desbravando as páginas da vida de outro alguém. Nessa jornada do herói, existem outros heróis! O tempo, as pessoas amadas e aqueles que enfrentam suas próprias odisseias. Se não superarmos e não enfrentarmos, que história teremos para contar?

12

PERMITA QUE O CORAÇÃO E A INTUIÇÃO GUIEM SEUS CAMINHOS

Iniciar pode ser a etapa mais desafiadora, mas desvendar o segredo para avançar reside em explorar as oportunidades. Durante minha caminhada, enfrentei crises que instigaram meu crescimento, pavimentando uma trajetória de sucesso na Volkswagen. Ao contemplar a aposentadoria, abracei um desafio marcante que encerrou um período valioso da minha jornada e abriu caminho para preciosas oportunidades...

LUIZ ANTONIO BUOZZI

Luiz Antonio Buozzi

É Engenheiro Mecânico, formado pela Universidade Paulista, aposentado da Volkswagen do Brasil com 40 anos de experiência na empresa. Atuou em diversas áreas, incluindo treinamento da rede, marketing do produto e comunicação, em que dedicou incríveis 25 anos, sendo 20 deles como executivo da área de *brand experience*.

Sua carreira destacou-se pela liderança, desenvolvimento de equipes e inovação. Buozzi investiu em projetos direcionados ao público jovem, priorizando a experiência e o desenvolvimento individual. É um defensor da interação entre gerações, buscando potencializar os atributos de cada profissional para benefício de toda a equipe. Promoveu a conscientização sobre a importância de encontrar felicidade no trabalho e como nutrir paixão pelo que fazemos, o que se provou uma premissa fundamental para alcançar resultados excepcionais, tanto para o time quanto para a empresa por onde passou.

Contatos
luiz.buozzi@gmail.com
LinkedIn: luiz-buozzi

Conheci o Luiz Buozzi na Volkswagen. Trabalhamos juntos na diretoria de vendas e marketing. Eu na área de desenvolvimento da rede de concessionárias e ele na área de eventos e brand experience. Saí da Volkswagen em 2010, para seguir meu propósito, o que resultou na fundação da ACI. Depois de alguns anos, no meio da pandemia de covid-19, Buozzi me procurou. Ele estava se desligando da Volkswagen, depois de 40 anos. Ele tinha ainda um ano para trabalhar esse desligamento. Nesse meio-tempo, fizemos um trabalho muito interessante, no sentido de que ele pudesse entender o que aconteceria em sua vida pós-mundo Volkswagen.

Ele se desligou da empresa, foi homenageado por toda a equipe, teve uma festa de despedida linda, e voltou a me procurar, dizendo-se pronto para uma nova caminhada. Começamos uma segunda rodada, com novidades e muitas autodescobertas. Eu mostrei para ele a importância do posicionamento digital, de maneira que ele foi conhecendo, e sendo conhecido e reconhecido por uma gama impressionante de pessoas, que demonstravam interesse nele e em sua experiência, independentemente da marca que ele tão bem representou por 40 anos. A decolagem foi rápida, e logo começou a dar palestras, mostrando aquilo que já havíamos compreendido no processo que fizemos com ele, que a história dele é uma inspiradora lição de vida.

Buozzi faz esse contraponto com o jovem que fica cinco, seis meses em uma empresa e pede demissão porque não virou diretor. Ele, ao contrário, mostra como foi possível se reinventar na mesma empresa ao longo de 40 anos. É um exemplo de liderança, de ética, de quem sabe formar equipes, sem ter deixado de exercer sua paternidade.

Rebeca Toyama

Quanto custam 40 anos da sua existência?

O que é o tempo senão a moeda mais valiosa que temos? Trocamos, sem pensar, nossos anos dourados e a eterna chama da juventude em nome de objetivos, sonhos e anseios. Era eu, um sujeito com uma formação em Engenharia Mecânica, em um mundo de números e engrenagens que, ironicamente, exploraria algo muito mais complexo: o universo da Volkswagen do Brasil. Foram quatro décadas de dedicação a essa gigante da indústria automobilística. Minha jornada icônica me levou por caminhos diversos, um verdadeiro mosaico de experiências.

Meus primeiros passos no mundo profissional se deram como *office-boy* em uma concessionária Volkswagen, a Sabrico. Inicialmente, eu desempenhava tarefas para a diretoria, e, por estar sempre próximo aos diretores, minha atuação foi além.

A esposa do presidente, como diretora social, conduzia diversas ações beneficentes e, gradualmente, fui convidado a contribuir. Logo, me encontrava envolvido em uma série de atividades, inclusive na organização da festa de Natal. Junto à diretora e outros colaboradores, distribuíamos panetones e presentes para as crianças. Um dia, com meus 14 anos, tomei coragem e compartilhei uma ideia com ela: "Dona Norman, por que não organizamos uma festa especial para essas famílias?". Foi o ponto de partida para algo verdadeiramente significativo.

Ela tinha um jeitão alemão, sabe, bem durona? Encarou-me com olhar meio desconfiado, como quem dissesse: "Quem é esse moleque se achando? Disparou: "Qual é sua sugestão?".

"Vamos fazer uma gincana!", respondi.

Na empolgação, antecipei-me: "Eu posso organizar tudo!". Ela pensou um pouco e concordou. Corrida de saco, pega-pega, ovo na colher, pipoqueiro, cachorro-quente, entre outros conjuntos de provas, tomaram conta da confraternização de Natal. Foi um daqueles momentos que marcam a vida.

Ao transformar uma simples brincadeira em um momento especial, a festa de Natal se tornou uma experiência memorável para os funcionários e familiares. Quando as pessoas estavam se despedindo, Dona Norman me chamou e disse: "Nossa! Como as pessoas estão felizes, nunca recebi tantos agradecimentos".

Sem perceber, estávamos incorporando elementos de jogos em contextos não lúdicos para engajar e motivar as pessoas.

Eu havia decidido pela engenharia

Minha jornada na Sabrico foi uma constante escola de aprendizado, passando por vários departamentos até alcançar o cargo de subcontador. Embora incentivado a estudar contabilidade e assumir a área, meu verdadeiro desejo sempre foi seguir uma carreira como engenheiro. Desde a infância, alimentava o sonho de explorar o mundo da engenharia. Durante as horas de folga na Sabrico, dedicava-me a observar os mecânicos, buscando absorver mais sobre o universo que tanto me fascinava. Finalmente, tomei a decisão de seguir meu sonho e meus pais custearam a faculdade de engenharia. Essa jornada foi possível graças ao amor e ao apoio inabaláveis dos meus pais, além de minhas aulas de Matemática para Mecânicos no

SENAI (Serviço Nacional de Aprendizagem Industrial), que contribuíram financeiramente. Todo o esforço valeu a pena, culminando no estágio conquistado na Volkswagen durante o último ano da faculdade.

Da engenharia ao marketing

Inicialmente, meu grande objetivo era a engenharia, mas o destino reservou outros planos. Envolvi-me profundamente na área de marketing de produto, imergindo em um vasto conhecimento sobre carros. Meu dever era compartilhar esse conhecimento, e acabei treinando equipes para eventos especiais, como salões de automóveis, lançamentos e convenções.

Era uma responsabilidade imensa, pois não apenas oferecia suporte aos executivos e ao presidente em entrevistas, mas também interagia com a imprensa, personalidades, políticos e autoridades, para os quais eu fornecia explicações. Atendi figuras renomadas como Ayrton Senna, Pelé, Mário Covas, Paulo Maluf, Cafu, Neymar, Itamar Franco, Maílson da Nóbrega, Rogério Flausino, Luciano Huck, Adriane Galisteu, Otávio Mesquita, Betto Saad, Toquinho, Ronnie Von, Reginaldo Leme, Raí, Rivelino, Joãozinho 30, Pitty, Ary Toledo, Ana Hickmann, Juca Chaves, Ivete Sangalo, Paulinho da Viola, entre muitos outros.

O meu envolvimento com a área de comunicação fez, que eu fosse convidado para ser supervisor na Área de Brand Experience.

Foi nesse instante que compreendi a relevância de edificar uma "Marca Pessoal" sólida. Essa construção me fez ser considerado para novas oportunidades. Contudo, é crucial destacar que uma marca pessoal não se forja da noite para o dia; ela é moldada ao longo do tempo por meio de desafios, superações, atitudes, coragem e, principalmente, pelo caráter e credibilidade, fatores que efetivamente solidificam a presença e a reputação de uma pessoa.

Devido à minha marca pessoal, recebi um convite para conversar com um dos diretores de engenharia. Ele expressou o desejo de me ter em sua equipe, reconhecendo meu interesse em trabalhar na Engenharia. Embora ansiasse informar meus pais imediatamente, algo me impulsionou a compartilhar primeiro a notícia com meu vice-presidente. Ao entrar na sala do VP, ele me informou que minha promoção para Gerente de Brand Experience no departamento de marketing foi aprovada.

Ele reconheceu minha aspiração de trabalhar na área em que estudei e lutei para conquistar, mas sugeriu que "minha verdadeira vocação não estava atrás de uma mesa, e sim no contato com pessoas". Argumentou que minha habilidade em lidar com as pessoas e a minha empatia seriam mais valiosas na área de marketing do que na engenharia, e me propôs aproveitar o final de semana para pensar no que eu realmente queria. Foram os dois dias mais decisivos da minha vida, pois encontrava-me separado, sendo o único responsável pelos meus dois filhos pequenos.

A minha razão me guiava em direção à engenharia, o meu coração, ao marketing. "Descobri" que lidar com pessoas era minha verdadeira vocação, minha essência que me tornava um profissional melhor e, acima de tudo, uma pessoa feliz.

Decidi por seguir os conselhos do grande Steve Jobs: "Tenha coragem de seguir o que o seu coração e sua intuição dizem. Eles já sabem o que você realmente deseja. Todo o resto é secundário". Assim, o Marketing me conquistou.

Agora, as pessoas me escolheram

Como gerente, cada membro parecia ter sido escolhido a dedo. Não se tratava apenas de dar ordens, eu estava ao lado deles, envolvido em cada passo. "Conheci não só suas vidas profissionais, mas também pessoais"; e isso foi a chave para conquistá-los e inspirá-los a se tornarem sua melhor versão.

Juntos, participamos de 20 Salões do Automóvel, sendo premiados como o melhor estande em cinco edições, além de eventos renomados como Fenatran (Salão Internacional do Transporte Rodoviário de Cargas), Salão do Carro a Álcool, Salão dos Importados, Reatech (Feira internacional de Tecnologias em Reabilitação, Inclusão e Acessibilidade) e Automec. Para a Volkswagen, coordenei os lançamentos de mais de 30 modelos. Sem falar dos patrocínios, como o Rock in Rio, a CBF (Confederação Brasileira de Futebol), o Camarote da Brahma, o Super Surf, Brasil Open de Tênis, Cirque du Soleil, entre outros.

A inovação ficou evidente quando criei equipes de universitários para atuarem a cada dois anos nos salões de automóveis. Esses estudantes, verdadeiros conhecedores de carros, desenvolviam uma paixão genuína pela marca ao longo do período conosco. Eu costumava dizer a eles: "Vocês estão sendo notados aqui", incentivando-os a deixar sua marca. Era uma forma de fazê-los se sentirem reconhecidos e valorizados. Hoje muitos deles são executivos de grandes empresas.

Coordenando projetos, ergui meu estandarte, especialmente brilhante nos gloriosos anos 2000. Trabalhar todos esses anos na Volkswagen do Brasil era bem mais do que uma conquista materialista, *status* ou posições de liderança elevadas. Jamais me limitei apenas às cifras e aos números. A minha verdadeira satisfação residia na doce alegria que experimentava nas risadas que ecoavam nos corredores, na colaboração que florescia nas pessoas que cruzavam o meu caminho e se sentiam felizes com o que faziam.

A maior lição? A conscientização de ser feliz no trabalho, de ter paixão pelo que se faz. Isso para mim nunca foi uma filosofia vazia, mas um princípio.

Histórias que transformam

Qual é o maior benefício? Um quarto de século como guardião da marca Volkswagen, com a maior parte desse período atuando como executivo na Área de Brand Experience.

Ah, o lado obscuro? É claro que sim: o desejo de galgar novas posições e a necessidade de ser considerado e alcançar meus objetivos de repente me fizeram adoecer no início dos anos 1990. Burnout e sensações de síndrome do pânico me afundaram por um breve período, mas o suficiente para "quase" me abalar. Estafa, estresse, ansiedade. Em meio a altas doses de ansiolíticos, tomei uma decisão que mudaria minha trajetória. Por conta e risco próprio (não faça isso sem orientação médica), optei por abandonar aquelas tarjas pretas que me deixavam letárgico, dopado e desconectado do mundo à minha volta. Com resiliência e, principalmente, fé, superei essa doença que parecia intransponível.

"E agora? O que vem após tudo isso?"

Bem, estágio, engenharia, marketing, burnout, eventos, premiações, novos cargos, novas equipes... eu já me sentia plenamente realizado e, ao refletir sobre minhas conquistas, percebi que era o momento ideal para me aposentar. No entanto, ao compartilhar essa decisão com meu vice-presidente, ele me propôs um último projeto: realizar o lançamento do T-Cross. "Chefe, nunca fugi da raia, mas acredito que o grupo tem plena capacidade de realizar um evento espetacular! Contudo, lançar o T-Cross? O veículo já foi apresentado no Salão do Automóvel, todos já viram."

— De fato, apresentamos, mas não lançamos, esse será o seu grande desafio, não fazer apenas um lançamento, mas um Evento de celebração do T-Cross. E com um adicional, achar uma maneira de chamar a atenção do público feminino, pois essa será a primeira SUV da Volkswagen do Brasil, e as mulheres estão um pouco distantes da nossa marca". Não neguei fogo! É claro que aceitei.

Com atitude, coragem e, acima de tudo, persistência em seguir meu coração e intuição, obtive a aprovação para a parceria com Sandy & Junior. Foi um sucesso, mas, como em toda boa história, houve superações enfrentadas dentro da empresa, desde convencer colegas de trabalho até o presidente. Isso evidencia que, ao confiarmos em nossa intuição e enfrentarmos os obstáculos sem medo de errar, podemos resultar em triunfo na certa. A parceria com Sandy & Junior proporcionou à Volkswagen uma visibilidade espontânea sem precedentes. E essa foi a cereja que coloquei em meu bolo, antes de me aposentar.

A jornada continua... Atualmente sou palestrante, mentor, consultor, diretor do Museu de Carros Clássicos em Campos do Jordão, membro do Comitê de Comunicação Lar Sírio, mas isso é outra página da minha vida.

Conselhos para o agora

1. Nunca desista dos seus sonhos. Corra atrás! E se em algum momento a realidade lhe mostrar um novo caminho, "pense com o seu coração/intuição", além da razão.
2. Cuide da sua marca pessoal. Ela é o que dirão a seu respeito, o que vão lembrar de você e o que vão considerar.
3. Trabalhe naquilo que ama, mas não adoeça para conquistar.

13

CONTINUE A NADAR, CONTINUE A NADAR...

Essa é a história de uma mãe adolescente, que sempre quis ser empresária. Uma menina com muitos planos, que foi descobrindo, aos poucos, que planos mudam, mas o seu propósito, não. Em seus altos e baixos nunca renunciou a seus dois sonhos: ter uma família unida e fazer a diferença no mundo dos negócios.

MARCELA MELO

Marcela Melo

Paraense, mãe e avó. Desde a infância, almejava empreender e impactar o mundo dos negócios. Graduada em Administração com ênfase em Marketing e pós-graduada em Gestão Financeira, Controladoria e Auditoria, teve uma carreira bastante diversa, que a preparou para gerir sua primeira empresa aos 22 anos. Convicta de que existe um mundo onde as pessoas podem ser felizes com seus trabalhos e expressar seu propósito para colaborar com outras pessoas, Marcela virou sócia da Academia de Competências Integrativas (ACI), uma empresa signatária do Pacto Global da ONU. Comprometida em promover uma cultura empresarial saudável, a ACI visa transformar a relação das pessoas com seu trabalho, conectando-as a seus propósitos e gerando transformações positivas em empresas e no mundo.

Contatos
marcela@academia-aci.com.br
LinkedIn: marcela-melo-costa/

Conheci a Marcela em um dos eventos mensais de divulgação da metodologia da ACI. Na ocasião, cheguei um pouco antes do início da minha palestra, fui até o auditório para ver se estava tudo em ordem e, como sempre acontece nesses 15 ou 20 minutos que antecedem minha palestra, aproveitei para conversar com algumas pessoas que já estavam no auditório, saber como nos conheceram, o que esperavam, quem eram e o que faziam. Tudo de maneira informal, sem que eu dissesse quem sou ou o que faço. Pois bem, naquele dia eu me sentei ao lado de uma moça e começamos a conversar informalmente sobre todas essas coisas. Ela tinha um sotaque diferente; disse-me que vinha de Belém/PA, terra de minha sogra. Falamos sobre o evento e a razão de sua presença. E isso foi tudo, não mais que duas ou três perguntas. E, claro, não disse quem eu era e muito menos que logo eu faria a palestra daquela noite. Quando subi ao palco para a apresentação, percebi que ela ficou bastante surpresa. Marcela não me conhecia pessoalmente, nem sabia que acabara de papear com a palestrante que tinha vindo assistir.

Aquela foi uma primeira impressão, aliás muito positiva de ambas as partes. Logo Marcela passou por um processo individual de *coach* comigo, e fez, em seguida, a formação profissionalizante da ACI. Pouco tempo depois ela estava atuando como *coach* em nossa equipe, por conta de sua dedicação e interesse. Isso nos aproximou bastante, a ponto de que, em determinado momento, ela comprou algumas cotas da ACI e se tornou minha sócia. Naquele momento, eu realmente precisava olhar para outras áreas, e não estava conseguindo tomar conta de tudo sozinha. Mas não é só por isso que ela está presente nesta coletânea. Sua história de vida é transformadora. Ela foi mãe de gêmeos aos 14 anos de idade. Desde menina, sempre quis ser empresária, um sonho que não foi esquecido mesmo depois de mais dois filhos e de um divórcio.

Quem a vê sempre sorrindo e empenhada em fazer sempre o melhor pelos nossos clientes não imagina o quanto a vida foi dura antes de ela virar avó do Antônio. A ACI tem muita sorte em tê-la como sócia.

Rebeca Toyama

Mesmo antes de ouvir a Dory repetir a frase, título deste capítulo, de vezes no filme Nemo, esse aprendizado já me era familiar.

Esta história começa em 1983, particularmente no dia primeiro de julho, às 9:55, em Belém do Pará.

Como muitos paraenses, tenho ascendência portuguesa, minhas memórias de infância se resumem a muitos almoços fartos. Esse é o meu ideal de família.

Meu pai é economista e, seguindo a tradição da família, começou a empreender muito cedo com seus irmãos. Eles tiveram vários negócios, mas o que eu lembro mesmo era da fábrica de sabão. O cheiro daquela fábrica está impregnado em minha memória como o cheiro mais fedido que senti em toda a minha vida. Minha reação imediata foi prender o nariz com os dedos e sair correndo para o escritório. Bati a porta com pressa para o cheiro não entrar. Olhei para os lados para fazer o reconhecimento do ambiente. Vi duas escrivaninhas de madeira com pilhas de pastas e papéis, um sofá de couro escuro e alguns arquivos de ferro. Meu primeiro contato foi com um objeto engraçado com um cabo de madeira; descobri, após sujar as mãos com a tinta, que quando pressionado contra o papel deixava marcada uma data. Aquele carimbo foi meu passaporte para o mundo encantado do escritório.

Minha mãe é funcionária pública. Por um período, ela trabalhou bem perto de casa, na secretaria de saúde. Lá do nosso apartamento dava para ver a sala dela e eu e meus irmãos achávamos o máximo quando gritávamos da janela do meu quarto: "Mãaaeee, mãaaeeee!", e ela ia para a janela e acenava para nós, morta de vergonha, pois repetíamos aquele ritual várias vezes ao dia. No dia em que eu fui com minha mãe para o escritório fui surpreendida por outro cheiro, o de hospital. A mesa da minha mãe tinha algumas pilhas de papéis muito bem organizadas, canetas, lápis, borracha e um objeto novo que eu não conhecia: o grampeador. Fiquei curiosa para ver como funcionava. Abri, revirei e, de repente, aaaah, furei meu dedo. Meu primeiro acidente de trabalho. Mas nada que pudesse me tirar o encanto daquele lugar.

Estava decidido: eu ia trabalhar num escritório quando fosse grande. Deixei a Barbie de lado e passei a brincar de escritório. Pegava a maleta da minha mãe e descia até o térreo do prédio para o meu escritório.

Aos nove anos, fui a um estúdio fotográfico no qual poderíamos nos fantasiar e tirar uma foto para a capa de revista. Quando eu bati o olho no catálogo para escolher a capa, não tive dúvida: *business woman*. Uma mulher de chapéu e terno com o dedo no queixo. Tão linda quanto importante. Parecia que ela tinha o poder de mudar o mundo. E eu queria ser aquela mulher.

Então o plano estava feito, eu ia estudar fora do país, me tornar uma Ph.D., ia ser a presidente de uma grande empresa multinacional para poder tomar todas as grandes decisões.

Mas alguém tinha outros planos para mim. Com 12 anos encontrei o primeiro amor da minha vida. O Adriano tinha 15 anos e tinha acabado de se mudar de São Paulo para a mesma rua que eu morava. Naquele ano ficamos muito amigos e no Natal começamos a namorar. Meus pais discordaram, mas eu não era muito de aceitar nãos. Continuei namorando escondido até que eles se acostumaram com a ideia.

Planos mudam

– Estou grávida...
O Adriano cai para trás batendo as costas na parede de vidro.
– E tem mais...
– O quê?
– São gêmeos.

E foram essas frases que mudaram nossas vidas para sempre. Dois adolescentes, sentados naquele mesmo *hall* que serviu de cenário para o meu escritório, abraçando-se e imaginando como seria a vida dali para a frente.

Para mim era muito claro: eu não vou parar de estudar. Continuei frequentando a escola enquanto a barriga crescia. Ao mesmo tempo que tinham muitos abraços acolhedores, eram inevitáveis os olhares reprovadores e a eterna frase que ouço até hoje: "Começou cedo, hein?"

13 de junho de 1998

Era um sábado ensolarado. Dava para ver por meio da janela de vidro canelado o borrão azul escuro e o sol forte entrando na sala de cirurgia. Estava deitada com os braços em cruz amarrados para eu ficar imóvel, nem sei se precisava, pois o medo já me paralisava desde que a médica disse que a cesárea precisava acontecer o mais breve possível, pois era muito arriscado uma garota de 14 anos ter um parto normal de gêmeos. Eu estava sozinha com os médicos, minha mãe voltou correndo para pegar em casa a mala com as roupinhas defumadas pela minha avó. Meu pai estava resolvendo a internação e o Adriano estava incomunicável fazendo uma prova.

– Como você está se sentindo? – perguntou o anestesista. Já vamos começar.

Senti a lâmina perfurar a minha barriga.

– Eu tô sentindo, eu tô sentindo... falei alto.

— Mas está sentindo dor? — respondi que não.
— Então está tudo certo.

Dois meses depois que o Marcelo e o Adriano nasceram, lá estava eu voltando para a escola. Refiz as provas que tinha perdido e passei de ano como uma das melhores da classe.

A escolha da faculdade não foi tão difícil: Administração. Já na primeira aula de TGA (Teoria Geral da Administração) me encantei com Ford, Fayol e os *cases* de grandes empresas que a professora contava durante as aulas.

O Adriano também tinha grandes planos e uma enorme responsabilidade: sustentar os filhos. Foi morar nos Estados Unidos, passou quatro anos morando lá enquanto eu estava na faculdade.

Quando ele voltou estávamos prontos. Eu estava me formando, ele tinha guardado um certo dinheiro e tínhamos um plano: abrir uma empresa.

Casamo-nos. Nossos filhos foram os pajens, tudo estava correndo de acordo com o novo plano. Mas o fato é que uma empresa que está começando não sustentava uma família de quatro e então fui trabalhar CLT para garantir um salário fixo.

Filhos, nós temos algo para contar para vocês

Acordei me sentindo nauseada, lembrei que não menstruei aquele mês. Deu positivo. E agora?

— Filhos, temos algo para contar para vocês: a mamãe está grávida.

Estou feliz? Sim! Mas algo me deixa apreensiva. Mesmo casada eu não me sentia segura de contar para as pessoas que eu estava grávida. Não queria ser repreendida e julgada novamente.

Eu sonhei com uma linda menina de cabelos castanhos e ela chegou em 30 de abril de 2010. Uma maternidade totalmente diferente da primeira. E o desejo de passar mais tempo com a Maria Luísa me fez tomar uma decisão.

Nossa empresa prosperava e precisava de mim para administrá-la. Achei que o *timing* era perfeito para largar o CLT e assumir meu papel de dona, com mais flexibilidade de horário para cuidar dos filhos.

Em dois anos, faturávamos em um mês o que, antes, levava um ano inteiro. Nosso padrão de vida mudou, íamos mudar para Miami, aumentar as operações da empresa, Marcelo e Adriano já iam fazer faculdade lá, a Maria Luísa já estudava em uma escola bilíngue. Finalmente eu ia morar fora do Brasil. Era o plano dos sonhos.

Fiquei enjoada, acho que a comida não me fez bem.

– Compra um remédio para enjoo, por favor.

– Eu recebi a proposta de abrir uma filial da empresa em São Paulo. – O Adriano me contou a notícia na maior empolgação.

– Mas, e Miami?

– Miami pode esperar. São Paulo vai mudar nossas vidas.

Não só a mudança de cidade, mas uma mudança também na família. Estou grávida de novo.

Que felicidade! Para quem? Estava tudo indo bem, agora grávida de novo, planejando a mudança para São Paulo.

Um sangramento. Ufa, desceu. Não, pera! Será que eu perdi? Eu não queria estar grávida e agora perdi meu filho. Que péssima mãe eu sou.

Novo teste: positivo, ainda estou grávida. E agora? Ultrassom:

– Tem dois sacos gestacionais, mas só um embrião. Você deve ter perdido um. Vai ter que ficar de repouso para não correr o risco de perder o outro.

O Eduardo nasceu em Belém em 9 de novembro de 2015. Parto normal depois de duas cesáreas. Experiência que recomendo a todas as mulheres que podem ter um parto normal em segurança.

Dois meses depois aterrizamos em São Paulo. Dessa vez para morar. O apartamento era lindo. O Marcelo e o Adriano entraram para a faculdade, a Maria Luísa estava estudando numa das melhores escolas de São Paulo. O Eduardo estava saudável e feliz. Parecia um belo plano novo, mas eu não estava feliz.

Marcela, temos que conversar

– Eu tenho tentado de todas as formas te fazer feliz, mas não consigo. Acho melhor nos separarmos.

– Tu não podias tomar essa decisão antes da mudança para São Paulo com um bebê de dois meses?

Sim, fazia algum tempo eu não conseguia me sentir feliz. Muita preocupação, muita responsabilidade, tantos planos deixados para trás. Mas a vida era assim, altos e baixos, tudo voltaria ao equilíbrio após algum tempo. Pensei por vários meses que a separação era temporária, eu não estava preparada para um divórcio. A minha grande história de amor, a minha família unida ao redor de uma mesa. E como eu vou ser dona de uma empresa ao lado do meu ex-marido? Eram os dois planos da minha vida. Esses eu não quero abrir mão.

Mas não teve volta, ele já tinha outra mulher na vida dele e aquilo me deixou no chão.

Tirei um mês sabático, longe de tudo e todos. Fui para a África do Sul. Saltei de *bungee jump*, mergulhei com tubarões, voluntariei-me em uma creche para crianças carentes. Experiências que aquela mãe de 14 anos não pôde ter.

Voltei com duas certezas: oficializar o divórcio e vender minha sociedade na empresa.

Senti que minha vida tinha recomeçado; só que agora com 33 anos, tinha muita experiência de vida e nenhum plano.

Não ter um plano me deixa aflita. A clareza da menina de 12 anos era só uma nuvem de fumaça. Eu não via horizonte.

Mas como minha mãe disse, eu sou muito determinada e sabia que não conseguiria ficar parada em casa.

Comecei a pesquisar na internet. Nova carreira...

Workshop carreiras e expectativas para 2017

Esse título me chamou muito a atenção. Academia de Coaching Integrativo (ACI). Nossa, que nome bonito.

Cheguei cedo para reconhecer o ambiente. O auditório era bonito, fui recepcionada pela Isabela, muito alegre e sorridente. As pessoas trabalhavam felizes naquele lugar. Acho que eu me sentiria bem trabalhando aqui.

Uma mulher se senta o meu lado e puxa conversa. Senti conforto, mas logo começa um interrogatório. Como é seu nome? De onde viestes? Como chegou até nós? Gaguejei um pouco para responder. Ela pareceu muito interessada em minhas respostas, sorriu e foi embora.

Começou a palestra e a mesma mulher que me interrogou estava agora no palco. Rebeca Toyama. Ela falou de coisas que eu nunca tinha ouvido antes, mas que me eram muito familiares.

Parece que essa mulher sabe mais de mim do que eu mesma! No final, uma surpresa: fui sorteada para uma sessão zero. Nem sabia o que era isso, mas faria de tudo para continuar naquele ambiente com aquela gente.

Voltei para a experiência mais fantástica de toda a minha vida, com uns simples desenhos e uma conversa, o Denis, coordenador da ACI, me virou do avesso e eu voltei a ter clareza, mas agora não quanto aos meus planos. Comecei a ter clareza sobre mim.

Eu não posso mais viver sem isso, penso comigo e decido fazer a formação da ACI. No primeiro dia de aula, lá estava eu, com minha pasta gigante cheia de papéis e giz de cera a óleo; sim, havia uma inscrição bem grande na lista de materiais especificando o giz de cera.

Saí da primeira aula zonza. Eu me transformei com todas aquelas descobertas sobre mim, sobre a vida e sobre os relacionamentos.

Descobri que não dava para planejar minha vida só em torno do trabalho. Ah, se eu soubesse disso antes, talvez tivesse menos insatisfações. Mas também aprendi que a vida é feita de ciclos e quanto mais rápido deixarmos morrer o ciclo que se vai, mais rápido colhemos os frutos do novo ciclo.

Uma coisa que eu sei é administrar empresas

Na formatura a única coisa que pensava era que eu poderia utilizar essa ferramenta transformadora para fazer a diferença na vida de outras pessoas. Não precisava mais ser empresária.

Determinada, como já dizia minha mãe, busquei saber como faria para ser uma das coaches selecionadas para o seleto grupo de profissionais que trabalhavam na ACI. Consegui!

Três meses depois, a Rebeca anuncia mudanças na empresa:

— Vamos encerrar a operação de coaching da ACI e a formação ficará estacionada por um tempo.

— Não! Você não pode encerrar a ACI! — pulei da cadeira com uma coragem que até hoje desconfio de onde veio. — Ela foi a responsável pela minha transformação e a de muitas outras pessoas. Eu posso ainda não ser uma coach experiente, mas uma coisa que sei fazer bem é administrar empresas. Se você concordar, eu cuido da ACI.

Assim, ganhei uma sócia e voltei a ser empresária, mas agora com um propósito muito maior do que apenas me fazer feliz: quero levar a ACI para o maior número de pessoas possível e causar uma grande transformação na forma como as pessoas se relacionam com seu trabalho.

E a família? Bom, descobri que família é muito mais do que pessoas que convivem sobre o mesmo teto. O Marcelo e o Adriano saíram de casa. Revezo os cuidados da Maria Luísa e do Eduardo com meu primeiro marido e sua atual esposa. Ganhei um neto e hoje, pelo menos uma vez ao ano, tentamos reunir todos juntos ao redor de uma mesa.

E eu, assim como a Dory, continuo a nadar, continuo a nadar...

14

O QUE A VIDA ME ENSINOU

Depois de mais de 30 anos de carreira profissional, deparo-me com um dos maiores e inesperados desafios da minha vida. Como e de onde tirarei forças para superar mais um obstáculo com o qual me deparei. A partir do resgate de experiências passadas e da minha formação, faço uma reflexão profunda para encontrar luz e achar o caminho para me reinventar e estar aberto para novas aventuras.

MARCO ANTONIO ALBUQUERQUE PAIM VIEIRA

Marco Antonio Albuquerque Paim Vieira

Pai do João e Antonio, apaixonado por esportes e natureza. Cursei administração de empresas na ESPM, MBA Executivo pelo Insper e *Executive Certificate* pelo MIT (Massachusetts Institute of Technology). Iniciei minha carreira na tesouraria de bancos de investimento (Banco Multiplic e BNP [Banque Nacionale de Paris]). Em 1999, comecei minha jornada como empreendedor, tornando-me sócio do portal SindicoNet e, em paralelo, construindo uma carreira de consultoria financeira e estratégica focada no segmento de pequenas e médias empresas. Em 2008, entrei na sociedade da POS Intergrated Solutions e fui cofundador da RDS Systems, ambas as empresas vendidas 100% para a NCR Corporation em 2012. No final de 2012, assumi cargos de liderança com participação societária nas empresas Techmail e, posteriormente, na Atec Original Design. De 2013 a 2019, atuei como diretor voluntário do Instituto Techmail, focado na formação e na inserção de jovens no mercado de trabalho.

Contatos
mapaim@outlook.com
LinkedIn: marco-paim/

Em um curso de pós-graduação de Psicologia Transpessoal no qual dou aulas, fui procurada, faz algum tempo, por uma moça chamada Isabel – pouco depois, ela virou minha aluna no curso de Planejamento Financeiro –, que me contou que seu marido vivia um momento de mudança e precisava repensar sua carreira. Foi assim que conheci Marco Paim.

O Marco tem uma história de vida linda. Ele ficou órfão de pai muito novo, teve de mudar seu padrão de vida, mas conseguiu dar a volta por cima com a ajuda de uma mãe muito forte. Ele está neste livro porque muitas vezes vemos um empresário de sucesso e não imaginamos o quão difícil foi chegar até ali – em geral, pensamos que ele já nasceu pronto, com tudo a sua disposição. A história do Marco mostra que nem sempre é assim que essas coisas acontecem. Ele teve de superar uma série de desafios, mas manteve o foco nos aspectos essenciais e nos objetivos que queria alcançar.

É claro que não foi nada fácil. Mas, no lugar de se deprimir ou de se entregar a algum tipo de compulsão, ele engatou uma quinta e virou a mesa. Participou de maratonas no exterior, consolidou sua formação, dando início a sua jornada como empreendedor, enquanto, paralelamente, construía uma sólida carreira como consultor financeiro e estratégico. Como ele diz em seu capítulo, "a vida é fruto de como lidamos com os acontecimentos, tudo está em nossas mãos". Marco é o melhor exemplo dessa máxima.

Rebeca Toyama

Marco Antonio Albuquerque Paim Vieira

São Paulo, 26 de setembro de 2023, 14h

Na véspera havia recebido uma convocação urgente para uma reunião societária na empresa da qual era administrador e sócio. Como a pauta não havia sido informada, estava curioso, mas não ansioso para saber do tema tão urgente. O momento da organização e do mercado era desafiador e cheio de oportunidades. Meu entendimento sobre o ambiente de negócios havia mudado bastante desde a pré-pandemia e eu entendia que mudanças significativas de posicionamento e abordagem com o cliente deveriam ser revistas. Meu foco nos últimos meses havia sido entender essa nova dinâmica e definir uma estratégia para navegar nesses novos mares.

Ao iniciar a reunião, fui logo comunicado que em função de a visão que eu tinha do mercado ser bastante divergente da dos demais sócios, eles entendiam que eu deveria me afastar da administração da empresa, assim como da sociedade. A situação me arrebatou, senti o peito apertar e meu corpo dormente.

Minha dedicação de tempo, energia e amor àquela empresa não permitia que eu considerasse ou acreditasse em uma ruptura inesperada. Ainda aturdido, retirei-me da reunião.

Processar esta situação não foi fácil, mas percebi o motivo daquela decisão tão radical. Minha visão do negócio era totalmente diferente da dos demais sócios, realmente não fazia sentido estarmos juntos no mesmo barco. Eu navegava para alto-mar e eles navegavam pela costa. Alguém deveria sair do barco, e esse alguém fui eu.

Essa situação me levou para um lugar de tamanho desconforto e vazio que passei a questionar toda a minha vida. O que iria fazer, para onde eu iria, como construir uma nova dinâmica com o trabalho e como ele influenciará a relação que tenho com minha família, meus amigos, meu esporte e meu desenvolvimento humano. Descobri que não sei o que fazer com meu tempo livre, estava sempre ocupado para me sentir produtivo. Desde os meus 20 anos, eu havia colocado o trabalho como centro da minha vida. O medo, a insegurança e a falta de energia bateram forte na minha porta e vieram me visitar com malas para ficarem uma longa temporada comigo, como vou lidar com tudo isso?

Decidi me recolher para encarar essa situação delicada e complexa. Ficar uma temporada sozinho, sentir o que está acontecendo, escutar meu coração e minha intuição que há algum tempo estavam gritando para mim e eu não dava ouvido, pois estava sempre ocupado; trabalhando. No momento que comecei a perceber de verdade o que estava sentindo, ouvir e me conectar ao meu corpo, os sentimentos de medo e a insegurança passaram a ser meus companheiros.

Ainda estou nesse processo, que não tem desfecho, conclusão ou uma resolução. O que vou compartilhar com vocês é o resultado do exercício pessoal de recordar alguns desafios e lições que aprendi na vida e que me darão força e sustentação nesta fase que estou chamando de "me reconstruir aos 50 com o que a vida me ensinou".

Marco Antonio Albuquerque Paim Vieira

Minha história

Tive o privilégio de nascer em uma família estruturada de classe alta, com as melhores opções de educação e cultura. Com avós maternos amorosos, meu pai que foi um superexecutivo, minha mãe uma dona de casa muito carinhosa e atenciosa com os filhos e um irmão leal.

Formação do caráter

Nesse ambiente privilegiado em valores sólidos e exemplos de vida, me ajudaram a formar o meu caráter.

Com meu pai conheci o valor dos estudos, a capacidade de se reinventar e o espírito empreendedor; além disso, aprendi a respeitar as pessoas de maneira amorosa. Aprendi a ser gentil, a confiar nos outros e a dar espaço para o seu par amoroso (minha mãe) brilhar.

Com minha mãe compreendi a atenção e a presença materna, o que me trouxe segurança e o gosto de servir bem as pessoas. A sua força me ensinou a respeitar e valorizar as mulheres.

O meu avô materno me encantava por colocar excelência em tudo o que fazia, desde o seu ofício como fotógrafo ao cuidado que ele tinha com os netos. A paixão pelo esporte e o cuidado do corpo, este, que é a morada da nossa alma, e por essa razão deve ser forte e saudável para nos levar nas aventuras da vida. Também me ensinou a respeitar os animais.

A minha avó, também materna, foi uma mulher forte, mais uma grande referência feminina na minha vida. Tudo o que ela fazia, era feito com carinho e atenção; quer exemplo melhor que esse?

Na formação do meu caráter, meu irmão tem um papel de destaque. Somos muito próximos de idade, apenas um ano e nove meses nos separam. Sempre tivemos a mesma turma de amigos. Com ele, tive a oportunidade de praticar, testar e errar muitos dos valores e exemplos que vivi. Tivemos algumas disputas como todos os irmãos, mas ele foi meu primeiro grande companheiro. A melhor parte é que continuamos grandes parceiros e ele ainda é para mim exemplo de disciplina, foco e determinação.

Aprendi que caráter é a nossa capacidade de nos mantermos alinhados aos nossos valores e princípios, independentemente das provações que venhamos a encarar em nossas vidas. O que aprendi com minha família foi por meio dos exemplos de vida cotidiana.

São Paulo, 2 de junho de 1993, 13h

Cheguei em casa retornando da faculdade e havia um recado para eu ligar para a minha mãe; ela acompanhava meu pai no hospital já fazia dois meses. Ele estava se recuperando de um transplante de fígado. Assim que retornei a ligação, ela me falou para antecipar a visita que faria ao final do dia, desliguei o telefone e junto com meu irmão fomos ao hospital.

Quando cheguei no corredor do quarto em que meu pai estava, avistei uma "vizinha" de quarto, que com seu olhar doce e triste entregou que meu pai havia falecido. Ao entrar no quarto, minha mãe confirma o que não queria escutar. Esta foi a primeira vez que senti o peito apertar e meu corpo dormente.

Apesar de ter vivido uma vida privilegiada financeiramente, meu pai estava em uma situação econômica bastante crítica. Tínhamos um apartamento grande, dívidas e o dinheiro de dois ou três seguros de vida que nos sustentaria por alguns meses. Eu, meu irmão e minha mãe nunca havíamos trabalhado antes, pois meu pai tinha como filosofia a priorização dos estudos e só depois o mercado de trabalho.

Vivemos momentos difíceis. Além da ausência do meu pai, tínhamos o desafio de uma nova realidade financeira. Nós três encaramos o problema de maneira aberta, unimo-nos como nunca. Para não perder o foco na carreira que ambicionávamos, precisamos conciliar faculdade, trabalho e estágio; para isso, trabalhamos em várias coisas diferentes: motorista executivo, barman e garçom. Lembro quando emendava um dia de faculdade e estágio com trabalho extra a noite e madrugada e no dia seguinte na faculdade novamente. Minha mãe foi trabalhar como hostess de restaurante e tinha dias em que voltava para casa perto das duas horas da manhã.

Essa foi a nossa rotina por mais de dois anos, até que conseguíssemos vender o apartamento, pagar as dívidas e comprar outro bem menor. Sentimos muito forte a queda de padrão de vida, mas isso só fortaleceu a união da família e nos deu uma capacidade incrível de nos adaptarmos. Em alguns momentos cheguei a questionar o "porquê" de estar passando por aquilo tudo e ficar triste e desanimado, mas nunca baixamos a cabeça e desistimos. Seguimos em frente, fazendo o que era certo e o que devia ser feito, com honestidade, sempre da melhor forma possível, próximos de amigos e familiares para nos fortalecerem e com muito amor no coração. Tínhamos de resolver aquele problema e foi o que eu, meu irmão e minha mãe fizemos.

Demorei um pouco para entender, mas percebi que fomos abençoados e privilegiados de receber uma herança dessas do meu pai, um teto para nós três e uma jornada incrível cheia de aventuras, realizações e ótimas histórias para contar.

Lições aprendidas:

- Não perca a Fé. Por maior que seja o problema, uma hora ele passa.
- Na crise, não opte por atalhos e caminhos fáceis, por mais tentador que seja; siga a sua verdade.
- Deixe sua marca, para quando passar, olhar para trás e se orgulhar. Siga os seus valores e princípios.
- Esteja rodeado de pessoas boas que lhe fazem bem.

Histórias que transformam

- Viva o que precisa ser vivido, se um problema chegou até você, saiba que tem as condições de lidar com ele. Não fuja! Resolva o que precisa ser resolvido.

Nova York, domingo – 1º de novembro de 1998, 14h30

Depois de quase quatro horas correndo eu avisto o Central Park, uma multidão delirantemente aos gritos me recepciona e a outros quarenta mil atletas, estava chegando ao fim. Com quatro horas e 20 segundos eu cruzo a linha de chegada, e completo a minha primeira maratona no auge dos meus 25 anos, a maior emoção que havia vivido.

Correr uma maratona entrou nos meus sonhos aos 16/17 anos. Vi uma reportagem da prova e fiquei maravilhado com o desafio e a energia do local. A minha ideia era fazer a Maratona de NY. Naquela época nem corria, mas admirava muito quem conseguia. O meu biotipo era muito mais de força do que resistência, e nunca havia conseguido correr mais de cinco minutos ininterruptos. Aos 18 anos, voltando da aula do cursinho, eu arrisquei uma corrida e consegui chegar em casa. Foram aproximadamente trinta minutos de trote leve, mas que me mostraram que conseguiria correr. E, de fato, de lá para cá, hoje, aos meus 51 anos, mantenho a corrida como minha atividade física principal.

Em junho de 1998 decidi que era a hora de fazer a Maratona de NY. Eu estava trabalhando em um banco de investimentos, já mais confortável financeiramente, mas sem orçamento para uma viagem dessas. Resolvi vender meu sonho, não resultado, para conseguir patrocinadores! Minha mãe conseguiu o apoio do Buffet Charlô e meu amigo Claudio Camargo Penteado bancou a segunda quota dos patrocínios, via seu escritório de advocacia. Pronto, dinheiro não era mais problema, agora tinha que começar a treinar.

Marco Antonio Albuquerque Paim Vieira

Uma maratona é uma prova dura que requer planejamento, dedicação e foco. Todo o ciclo de treinamento é de aproximadamente quatro meses, mas precisa ter uma boa base de corrida para encarar. Pela primeira vez na vida, percebi que estava em um grande projeto de quatro meses, com um objetivo muito claro e superdesafiador. Com o apoio de um treinador, preparei-me para a prova e realizei meu maior sonho então.

No meu retorno ao Brasil, a minha namorada Bel preparou uma recepção para mim. Foi tão maravilhoso que ainda saímos grávidos do João. Era hora de deixar a casa da mamãe e ganhar voo... O começo de uma linda jornada construindo uma família maravilhosa, que ainda recebeu o Antonio em 2006.

Lições aprendidas:

- Se você tem um sonho, vá atrás dele. Dinheiro não é impeditivo.
- Maratona é vida. Vida é ritmo. Sempre mantenha o ritmo, isso fará diferença.
- Maratona é vida. Vida tem altos e baixos. Você passará por bons e maus momentos; mantenha-se firme e siga em frente, uma hora melhora.
- Não se corre uma maratona sem preparo. Foco, dedicação e disciplina são fundamentais para alcançar seus sonhos.
- Maratona é 50% cabeça; prepare sua mente para treinar, jogar e viver.
- Descanso também é treino. Isso serve para a vida!

A vida é fruto de como lidamos com os acontecimentos, tudo está em nossas mãos. Nem sempre a vida é boa e feita só de sucessos, todos nós temos nossos medos, falhas e fraquezas. Tudo isso nos ensina, o importante é estarmos abertos e atentos para aprender.

Escrevendo este texto, vejo que estou pronto para encarar o desafio que abre este capítulo. Aos poucos o pavor e a paralisia vão esmorecendo. Começo aceitando esses sentimentos e sabendo que eles sempre estiveram na minha vida, foram companheiros por décadas; e conforme vamos vivendo, crescendo e construindo nossa história eles vão nos desafiando mais e mais.

"Vamos nos aventurar mais, lamentar menos, sermos mais curiosos, nos arriscar mais e viver as inevitáveis tristezas que a vida nos traz."
Contardo Calligaris

15

O VALOR DO AUTOCONHECIMENTO

Neste capítulo, quero refletir sobre a importância de celebrarmos cada conquista e a mudança de perspectiva em nossa vida quando entendemos que fazemos parte de um todo em sincronia. Para entender isso, passei 20 anos da minha carreira profissional com resultados acima das metas e sendo muito reconhecido pelo meu trabalho, porém, sem perceber que esse resultado acontecia pelo meu empenho e pela minha dedicação. Cercado de pessoas maravilhosas, preocupava-me com os outros e me esquecia da principal pessoa no processo: eu mesmo. Quando passei a me olhar com empatia, tudo mudou.

MARIANO NOGUEIRA

Mariano Nogueira

Com 23 anos, formado em Direito e pós-graduado em Desenvolvimento de Pessoas e Projetos, Mariano Nogueira seguiu no mercado financeiro, especializando-se em assessoria e consultoria de investimentos. Sua abordagem criativa e simpática destaca-o na simplificação de estratégias complexas. Entre leis e números, transformou sua jornada em uma sinfonia de estratégias. Após reger casos e contratos, decidiu explorar os compassos da gestão de projetos e pessoas, afinando, assim, suas habilidades. Nessa dança entre códigos jurídicos e números, trilhou um caminho multifacetado, em que a paixão pela advocacia se misturou harmoniosamente com seu talento para liderar e gerenciar, transformando desafios em oportunidades. Com o olhar aguçado para detalhes e a destreza para lidar com pessoas, descobriu que cada caso é uma partitura única, exigindo estratégias personalizadas. Foram mais de duas décadas dedicadas a harmonizar leis, números e pessoas, transformando cada desafio em um espetáculo de sucesso.

Contatos
Mariano.nogueira@hotmail.com.br
LinkedIn: Mariano C Nogueira Neto
Instagram: @mariaanocnogueira

Meu primeiro contato com o Mariano foi por meio da Planejar, entidade responsável pela certificação dos planejadores financeiros no Brasil. Como a ACI é membro associado da Planejar, nossos serviços de treinamento fazem parte do portfólio da entidade. O Mariano, por ser um planejador financeiro certificado pela Planejar, procurou-nos para conversar sobre alguns de seu momento profissional. Marcamos uma sessão e demos início a um trabalho de *coach* e mentoria com ele na ACI.

Tive também o privilégio de acompanhá-lo em um processo de transição de carreira, quando ele saía de um grande banco para um outro momento. Como ele mesmo conta em seu capítulo, o processo de transição que trabalhamos na ACI foi o melhor investimento que fez em sua trajetória. Foi a partir desse momento que ele ampliou o seu olhar de mundo. Isso porque quando estamos envolvidos e inseridos em uma grande empresa por muito tempo, perdemos, um pouco a dimensão da realidade do mundo lá fora.

Desde então, Mariano tem alçado novos voos, feito grandes conquistas, mas sem deixar sua essência de lado – um pilar importante em nosso trabalho na ACI. Ou seja, mostramos que é possível ter resultados incríveis, sem que o profissional abandone a si mesmo, tornando-se uma outra persona. Esse é o exemplo do Mariano. Uma pessoa extremamente gentil, generosa e que sempre traz excelentes resultados, esteja onde estiver.

Rebeca Toyama

Mariano Nogueira

Você sabe a diferença entre preço e valor? Faço esta pergunta porque hoje, após mais de 23 anos como profissional e 45 anos de vida, entendi a diferença.

Para que você possa entender a que me refiro, imagine uma casa antiga e desgastada pelo tempo. As paredes quase não se sustentam, as infiltrações tomam conta de alguns cômodos, o portão e as portas já estão carcomidos pelo tempo e pela falta de zelo. Então, pergunto: Esta casa tem valor? Talvez você me responda que tem valor para quem a construiu e morou nela por anos; porém, com certeza, para a venda, não conseguirá um valor alto, mesmo que fique bem localizada.

Agora, imagine a mesma casa depois de alguns meses totalmente reformada, com um jardim bem cuidado e florido, as paredes pintadas de uma cor viva, portão novo e portas trocadas, janelas grandes para vislumbrar o horizonte e as montanhas. Nesse momento, garanto que teve vontade de ver a casa após a reforma e até quem sabe, oferecer um valor a ela.

Saiba que eu já fui dono desta casa e aproveitei o tempo que estive nela, durante e após a reforma. Ela é aconchegante e a vista da janela é indescritível. Isso mesmo que você leu, vendi a casa. Comprei por um preço baixo e ganhei muito com a venda depois de reformada. Ótima oportunidade de negócio? Não sei. Mas precisei entender que, por mais que fosse feliz ali, fazia parte da minha vida rever meus objetivos e seguir um novo caminho.

Da área jurídica para o mercado financeiro

Eu nasci em Porecatu, no interior no norte do Paraná. Sou o terceiro de quatro irmãos, sendo somente uma mulher entre homens. Minha infância foi muito tranquila, aproveitei bastante todas as fases. Porém, como toda cidade pequena, as limitações de oportunidades e o fato de se conhecer a vida de todos os moradores fez que eu decidisse morar em Londrina, distante uns 80 km, para finalizar os estudos do ensino médio.

Finalizada a etapa preparatória para o vestibular, como qualquer jovem que precisa escolher uma carreira aos 17 anos, fiquei em dúvida entre Jornalismo, Engenharia, Odontologia e Arquitetura. Escolhi a última opção. Porém, depois de um tempo de curso, percebi que não era o que queria. Então, preparei-me mais um ano e decidi prestar Direito pelo leque de oportunidades que teria depois de formado (de delegado a juiz).

Em Direito, você já pode estagiar desde o início do curso. E eu comecei a trabalhar em um escritório de Advocacia. Só que no último ano fui dispensado e precisei realizar alguns trabalhos alternativos para conseguir bancar as contas. Foi um ano desafiador em termos financeiros, achei que não conseguiria superar esse momento e me formar.

Meu pai não tinha controle financeiro e, durante minha infância e adolescência, passamos por dois momentos complicados em termos de dinheiro. Não passamos necessidade, mas tivemos uma redução de algumas regalias. Acho que, de alguma forma, preciso ainda trabalhar esta questão. Assim como meu pai, passei por dois momentos conturbados financeiramente: no final da faculdade e no ano de 2022, em que passei por uma grande reestruturação interna, em termos de crenças e visão da vida. Foi tudo remodelado dentro de mim; certamente, o maior desafio de superação interna que já passei.

Mariano Nogueira

Após a formatura no curso de Direito, já com a aprovação da OAB em mãos, decidi seguir para São Paulo por conta das oportunidades de carreira. O mais interessante é que não fui trabalhar na área jurídica, e sim no setor comercial do maior banco privado do país, local em que fiquei por nove anos e tive 17 promoções e reconhecimentos. Foi nesta instituição que aprendi a lidar com o mercado financeiro e a importância do relacionamento com as pessoas.

Assim que cheguei a São Paulo, entrei no maior banco (1) (privado do Brasil) como um suporte a clientes no caixa eletrônico, aquele com a plaquinha "Posso ajudar?"; aos poucos, comecei a receber promoções pela minha eficiência, pelo atendimento aos clientes e pelo relacionamento que tinha com outros colegas de agência. E foram chegando os prêmios, até que alcancei a gerência e a coordenação da agência no segmento de alta renda.

Lembro-me de que minha primeira promoção foi ganhar uma mesinha; depois, fui líder de uma sequência de mesinhas, como agente comercial. Adiante, tornei-me assistente de gerente, após gerente (I, II, III..) de pessoa física, jurídica e empresa. O grande salto: como gerente geral, passei a liderar uma agência inteira. Mudança de segmento: do varejo para alta renda, com nova carteira de clientes.

E foi justamente nesse momento do auge da minha carreira no banco 1 que vivenciei meu primeiro exame de consciência. Para continuar a prosperidade profissional, precisaria não só entender como também aprender a reconhecer no outro o que ele tinha de melhor. Assim, despertei para a questão da empatia: se eu fosse aquele cliente, como gostaria de ser atendido? Como posso dar o meu melhor para acolher a pessoa que chegava a minha agência?

O resultado desse "exame de consciência" foi tão importante que me aproximava de maneira diferenciada das pessoas. Às vezes, tinha a impressão de conseguir ler as atitudes delas, as preocupações e as angústias. Em dois anos, já tinha uma carteira de mais de 300 clientes, dos quais reconhecia a voz de cada um ao telefone, chamava pelo nome e, de certa forma, antecipava o que eles queriam, resolvendo tudo com muita eficiência. E os reconhecimentos chegavam mais e mais.

Até que uma situação fatídica mudou a trajetória que estava seguindo. Ao sair para uma reunião, minha chefe foi vítima de um assalto e levou um tiro no pescoço. Ela precisou ficar quatro meses ausente do cargo, por conta das cirurgias. Nesse tempo, fui encarregado de assumir como líder. O interessante nesse caso foi que nada aconteceu de maneira proposital, mas, pela empatia, assumi uma postura de companheirismo.

Ela sofreu o assalto no final do dia; no dia seguinte, a agência não poderia parar ou esperar outro líder. Diante da situação, coloquei-me na posição dela e tentei direcionar a equipe como ela faria. Além disso, informei aos superiores como estávamos conduzindo o trabalho na agência para que os clientes não pudessem ser prejudicados no atendimento. E tudo deu certo, graças ao trabalho da equipe e, de certa forma, à minha empatia.

A minha atuação na situação rendeu uma nova promoção: liderar uma agência com foco em clientes alta renda. Aqui, cabe salientar uma atitude que tinha como gerente e que ajudou muito a alavancar o sucesso das três agências que liderei. Minha mesa sempre ficava em um ponto estratégico da agência, de maneira que eu tinha uma visão das laterais e da entrada. Assim, acompanhava toda a movimentação de clientes e de colaboradores. Como existiam metas a serem superadas, e para ajudar no desempenho da minha equipe, ficava atento ao cliente que chegava e já o recepcionava para liberar o trabalho de todos. Dessa forma, não prejudicava o rendimento geral e ainda resolvia o problema do cliente, que saía satisfeito por ter sua demanda solucionada.

Mariano Nogueira

E foi em uma dessas situações de resolução de problemas de clientes que, sem saber a quem se referia, coloquei fim a uma demanda de meses com a fusão com outra instituição, um erro de algoritmo de migração de conta que estava atrapalhando a vida de um cliente. Acontece que este cliente era diretor geral de outro grande banco (2) multinacional na época e, pela minha performance no atendimento do caso dele, me fez uma proposta que duplicava meu salário mais os benefícios. Não tive como recusar, nem o banco 1 conseguiu bancar a oferta do concorrente.

Foram quase três anos no novo banco, com excelentes conquistas das agências que liderei e com novas premiações e muito conhecimento por atuar em uma empresa internacional. Até que nova oportunidade se sentou à minha mesa. Isso mesmo! Após atender um "potencial cliente", ele me convidou para tomar um café na padaria perto da agência. Quando chegamos ao local e pedimos o café, ele se apresentou como superintendente de um banco (3) menor, familiar, e me ofereceu uma proposta irrecusável.

Naquela época, o banco 2 em que estava tinha sido comprado por outro e eu estava um pouco reticente com a mudança, por isso essa nova proposta veio na hora certa. Apesar dos comentários de algumas pessoas sobre as exigências e posicionamentos da instituição, não foi isso que encontrei lá dentro. Com as equipes que trabalhei, ajudei as pessoas a conseguirem carreira e promovi muitas delas também. Sempre tinha essa preocupação com aqueles que trabalhavam comigo. Fiquei lá durante cinco anos.

No meio do período da minha atuação, recebi uma proposta para trabalhar em outro banco (4) de nicho com clientes acima de 10 milhões de reais investidos. Quando comentei com o superintendente que me contratou, ele não deixou que eu saísse e me ofereceu trabalho no segmento do Private. Só que, depois de dois anos, novamente fui chamado para trabalhar naquele mesmo nicho.

Confesso que a superintendente/diretora do banco 4, de nicho, conseguiu despertar meu interesse ao mencionar a oportunidade de trabalhar com novos produtos fora da prateleira nos setores pelos quais passei. Além disso, poderia colocar em prática as aprendizagens sobre os temas que estudei para as minhas certificações e acumular outras. Diante de tudo isso, aceitei o convite e segui para o banco 4.

No entanto, um ano após a minha entrada nesta instituição, mudou a diretoria e um líder de equipe que trabalhava comigo e já tinha dez anos de empresa assumiu a chefia. A partir desse momento, a situação ficou desafiadora porque ele começou a me perseguir. Com o novo cargo, ele percebeu que meu salário era maior que o dele, que já tinha uma década na empresa. Sem perceber, a vida estava me preparando para seguir outro caminho.

A situação nesta última instituição estava difícil, assim mesmo ainda fiquei por quase dois anos. Acontece que algumas pessoas estavam saindo de lá e migrando para corretoras financeiras. Então, diante de algumas propostas que recebi na área, resolvi procurar uma consultoria para me ajudar a realizar uma transição de carreira. E foi assim que conheci a Rebeca Toyama e iniciei meu processo de autoconhecimento.

Com o autoconhecimento, veio o valor

Confesso que a possibilidade de não ser mais empregado me assustava um pouco. Eu sempre fui reconhecido pelo meu trabalho, pelas pessoas com as quais liderava, tinha uma excelente remuneração; enfim, deixar tudo isso após 20 anos de vida profissional requeria bom embasamento.

O processo de autoconhecimento não foi apenas um norteador de carreira, proporcionou uma visão que não tinha, de quem eu era. A primeira percepção de meus valores foi o reconhecimento pessoal. Eu inspirava as pessoas, os superiores, os clientes, menos a mim mesmo. Não tinha nenhum sentimento de gratidão por tudo que havia conquistado, e não tinha me dado conta disso.

Assim, desliguei-me desta última empresa e me associei a um escritório focado neste último segmento em que atuava, no qual atendo como assessor financeiro private banking (pessoa física), vinculado à maior corretora do Brasil. O resultado satisfatório começou a aparecer já nos primeiros meses, pelo conhecimento que tinha, pelo que aprendi e pelas novas oportunidades. Mas ainda faltava algo.

Foi nesse momento que encontrei a casa a que me referi no início do texto e resolvi comprá-la. Para a reforma, resgatei todas as minhas economias dos 20 anos de trabalho. E valeu a pena! A casa ficou maravilhosa e me sentia integrado a ela. Só que, em 2022, houve uma queda nos investimentos por conta de uma série de fatores, econômicos, políticos, crise pós-pandemia; da prosperidade, fui à escassez.

Novamente, me via diante de algo que ainda não estava ressignificado em mim. Assim como na história do meu pai, vivenciava outro perrengue financeiro. Só que dessa vez estava mais preparado para enfrentar o desafio na minha frente. Depois do processo de reviver as dores internas, entendi que precisava desapegar do passado e agradecer ao novo momento da vida.

E, assim, aconteceu. Vendi a casa por um preço duas vezes maior do que comprei, investi em outros imóveis e comemorei muito tudo o que estava vivendo, reconhecendo cada parte minha naquela história. Aos poucos, com um olhar mais consciente e com mais gratidão, entendi que a vida não é uma sucessão de ganhos, metas e prêmios, mas sim o valor que damos a ela e a forma de enxergá-la.

16

EU, VOCÊ, OS OUTROS E NOSSAS CONEXÕES

Sabe o que acontece quando dois rios se encontram e viram um? Pois é assim que vejo minha vida nos dias de hoje a partir do fluxo dos rios que me trouxeram até aqui e sobre o que tentarei refletir com você.

ROBERTA TOLEDO

Roberta Toledo

Produz conteúdos para os ouvidos, para os formatos que as rádios ganharam na web. Relacionado ao mundo da comunicação 360 graus, entre outras atividades assessórias, aprimorou suas habilidades como comunicadora, locutora, MC na interação com públicos diversos. É a voz de dezenas de livros best-sellers escritos por mulheres, entre eles: *Minha amiga Anne Frank, Me encontre no lago, A jornada do mestre*. Como produtora e curadora de conteúdo, desenvolveu vários projetos de podcasts para vários palestrantes, com critérios de linguagem, estética, edição de maneira cuidadosa como se produz broadcast. Faz parte da Rádio Positiva, uma rádio independente que nasceu a partir da produção de importantes redes de rádio FM, ganhando independência a partir da revolução da web. Também organiza e apresenta eventos e, como curadora, promove palestrantes, treinamentos corporativos, prestando assessoria tanto para palestrantes quanto para produtores de eventos empresariais.

Contatos
robertatoledo.com.br
Instagram: @robertaatoledo
LinkedIn: robertatoledo

Um amigo muito querido, Mauricio Sita, presidente da editora Literare Books International, procurou-me dizendo que eu precisava conhecer uma pessoa muito alinhada com meus valores. Marcamos um almoço no restaurante Almanara, no shopping Paulista (em São Paulo/SP), e foi lá que conheci Roberta Toledo e seu pai, Irineu Toledo. Foi um encontro muito de alma, e descobrimos tantos pontos de contato e de identificação que, desde então, nossas famílias (a minha e a dela) parecem ser uma única família.

Algum tempo depois desse encontro, convidei a Roberta para fazer a nossa formação profissionalizante. Ela tinha um desafio enorme pela frente: ser filha de Irineu Toledo, um profissional incrível, reconhecido como uma das vozes mais marcantes das rádios brasileiras. Realmente não é tarefa fácil ser filha de alguém como ele. Esse foi o assunto trabalhado durante o processo de *coaching* dela, fazendo-a compreender a importância das suas próprias competências e assumir seu papel de locutora, mestre de cerimônia e como uma das maiores produtoras de podcast do Brasil, em uma carreira rica de oportunidades e conquistas.

Ela está neste livro para contar essa história, de como tem sido a descoberta de buscar o próprio espaço, de se fortalecer enquanto profissional brilhante, mas em uma trajetória solo, trazendo para si os ensinamentos do pai, mas sem deixar de expressar a sua própria marca nessa caminhada. Roberta é um exemplo inspirador de mulher que busca consolidar seu espaço no mercado, com competência, ousadia e inovação.

Rebeca Toyama

Começando pelo fim...

Em tempos em que o relógio e as demandas para negócios ágeis não obedecem o ciclo circadiano, em que, praticamente, vivemos em alerta, sem escolher nem dia, nem hora, aproveito ao máximo os recursos de ferramentas e tecnologia para responder imediatamente às demandas on-line, seja em sistema de home office ou mesmo em trânsito, como nômade. Ao mesmo tempo, vou conciliando atividades pessoais, familiares, culturais e de lazer, e flexibilizando trabalho com lazer e viagem, muitas vezes. Assim vou negociando o tempo de vida, trabalho, descanso. Minha dinâmica relacional e de interação com pessoas no trabalho e nas relações de amizade e família tem o gosto pela curiosidade, interesse por pessoas, boas conexões, pois entendo que no fundo tudo faz parte dessa vida, com todos os desafios e valores que está vinculada em todos os papéis que exercemos. Também é uma maneira de me divertir trabalhando e trabalhar me divertindo. Gosto de usar minhas horas vagas em programas culturais leves, descontraídos, na rua, ver pessoas, conversar, música ao vivo. Vivo inserida em ambientes em que se produz arte pop, e busco entender o universo das pessoas que se juntam para celebrar encontros e assim captar histórias singulares de pessoas diversas. De preferência com conversas molhadas por cerveja artesanal (adoro) e boa comida, claro.

De volta ao começo...

Nasci em Rubião Júnior, um simpático vilarejo, distrito do município de Botucatu, no interior de São Paulo, onde tem uma pequena Igreja dedicada a Santo Antônio (aquele casamenteiro com quem acho que não me dou muito bem) construída no alto de uma rocha, com um mirante de onde se avista uma das mais importantes faculdades de medicina do Brasil, além da bela paisagem da cidade. Botucatu vem da língua tupi e significa "bons ares" (o primeiro ar que respirei foi de lá). Depois de um tempo muito breve em Araraquara devido à atividade profissional de meu pai mudamos para São Paulo, onde vivo desde os meus dois anos de idade. Enfim, os bons ares do interior foram trocados pelos ares contaminados de uma das maiores cidades do mundo, com todos os desafios das megalópoles, mas ao mesmo tempo com todo o fascínio que só São Paulo oferece com todas as diversidades que esta cidade acolhe mesmo em meio a tantas contradições. Adoro o centro de São Paulo e o agito da cidade que ferve em sua riqueza industrial, comercial e cultural; e há opções para todos os públicos em todas as áreas.

Mais do que a filha da Célia – uma atual artesã e mãe dedicada a três filhos no sistema tradicional – e do Irineu Toledo – um comunicador –, que fizeram esse arranjo de encontro e amor que me colocou no mundo, penso que não somos apenas filhos e filhas de nossos pais. Sou filha de um tempo, de uma época das mais difíceis de se traduzir, sou parte de uma geração que produz sua própria história. E, claro, nem tenho a pretensão de traduzir esse tempo nestas poucas páginas deste breve relato, senão apenas vivê-lo como minha energia total, física, intelectual, emocional e espiritual. Nem sei o que sei ou o que não sei mais. Até porque tudo o que sei é "que também não sei!" Mas acordo curiosa, todos os dias, para percorrer caminhos nessa busca.

Quem sou, ou quem penso que sou

Sou mais uma mulher que nasceu nos anos 1980. Sou parte dessa geração que chamam de millenials e que acumula, segundo pesquisa, uma combinação tensa entre orgulho e frustração.

Sinto que me sirvo do mundo ao mesmo tempo que me coloco a seu serviço. Faço pontes, coloco pessoas em contato, realizo encontros capazes de produzir bons momentos, dedico-me aos aprendizados, às experiências, aos negócios, aos projetos. Acho que meu esforço se concentra mais para ser meios do que os próprios fins.

Intimidade...

Atualmente solteira, sou mãe da Aísha, 11 anos, que veio colorir nosso mundo quando eu tinha 30 anos, em 2012. Não foi uma concepção planejada, mas a notícia de minha gravidez na idade que eu tinha, em um período em que já via minha carreira como algo consolidado, foi recebida como uma bênção. Não vivi a experiência de morar com o pai dela desde a gravidez, pois optamos por não seguir juntos, imaginando diferenças e visões de mundo que anunciavam futuros conflitos. Mesmo muito entusiasmados com a vida gerada, tivemos a maturidade de conduzir dessa maneira. Isso acabou sendo bastante positivo, pois colocou os três em um aprendizado importante desses tempos. O que não quer dizer que não sejamos uma família. Nós três somos uma família, independentemente do formato. Costumo dizer que, para pai e mãe, não existe folga. Então ela tem pai, mãe, tios, avós e a família toda presente em sua vida o tempo todo, o que me deixa muito feliz. Sempre prezei por presença. Aprendi isso com meu pai. Vivemos um momento de uma parentalidade enriquecida com famílias tão expandidas, o que tem feito de Aísha uma menina bastante dinâmica, flexível, ágil, sensível, inteligente e, ao mesmo tempo, realista e madura, mesmo para o que uma menina dessa idade pode elaborar de mundo.

Referências na minha estrutura

Meu pai é uma grande referência para mim. Pai é pai, né? Não tem concorrência. Profissionalmente ele é uma voz conhecida da propaganda brasileira, do rádio e da tevê, atuou em veículos de comunicação e principalmente no rádio FM de São Paulo. Mas, melhor do que isso, foi sempre um pai presente. Ele é minha pessoa favorita no mundo. É com ele que me aconselho. É nele que me inspiro.

Minha mãe é atualmente artesã e adora a casa dela – agora com barulho ampliado de três netos. Se não fosse por ela, minha vida não seria a mesma. Muito do meu progresso eu devo ao apoio que ela me deu em minhas obrigações e rotina diárias. Na minha criação e na de minha filha. Ela sempre foi o lado rigoroso da educação dos filhos, da ordem, da harmonia e do respeito e do perfeccionismo. Não tem como evitar o mix de pai e mãe na minha estruturação como pessoa, as diferenças, as visões e depois disso tudo a busca de mim mesma, minha própria vontade, mesmo com duas referências tão fortes e distintas.

Meus pais se separaram quando eu tinha 11 anos, mas nem por isso deixamos de ser uma família muito unida e colaborativa. Tenho três irmãos. Renata é a mais velha, mãe da Melissa e do Nicolas. Ela é uma grande referência para mim também como mulher e mãe. Thiago é meu irmão mais novo, meu melhor amigo. Também tem Roberto, filho de meu pai.

É o irmão que me deu o meu primeiro sobrinho, o Léo, de quem sou madrinha.

Minha infância foi no bairro do Limão, na zona norte de São Paulo. Sempre estudei em escola particular, brinquei muito na rua, quando morava em casa. Depois nos mudamos para um condomínio, onde tive mais liberdade para me conectar a mais pessoas. Meu pai sempre levou a gente para viajar; não tínhamos casa na praia, o que, a meu ver, nos proporcionou uma abertura de horizonte, pois não nos limitamos a conhecer somente um lugar. Amo viajar, acampar, conhecer lugares novos.

Longe de casa...

Na escola, nunca fui de andar em um grupo, dava preferência ao trânsito por vários grupos, e descobri neste contexto minha vocação. Sempre me comuniquei muito bem com meus colegas e professores. Nunca fiquei de recuperação, sou amante dos estudos. Fiz muitas amizades, que mantenho até hoje. Inclusive uma em especial, a Aline. É impressionante como alguém que escolhemos ocupa o mesmo lugar de um irmão ou irmã. Essa é a Aline, a amiga de todas as horas.

Quando terminei o ensino médio, fui para o Mackenzie, fiz magistério, concluído em 1999. Foi o último ano antes da formação compulsória de pedagogia para professores no Brasil. Em janeiro de 2000, eu e Renata partimos para uma experiência de intercâmbio em Bournemouth, na Inglaterra. Mantenho amigos desta época até hoje. Quando voltei ao Brasil, entrei na faculdade Unibero para cursar Publicidade e Propaganda.

Hora de trabalhar

O primeiro emprego foi em telemarketing. (que escola!). Fui participar de uma seleção com a Aline. Ela foi para a área de banco e eu fui para a Nextel. Após seis meses de empresa, fui convidada, por minha coordenadora, a trabalhar em uma multinacional que tinha acabado de começar sua atuação no Brasil. Era a ADT, uma empresa de monitoramento de alarmes. Aprendi muito e fiz amigos ali, onde comecei a entender a estruturação de uma empresa, desde o atendimento ao cliente até a alta gestão, vivendo as questões de uma organização de perto, RH, Marketing, Comercial e Qualidade. Entrei como funcionária do serviço de atendimento ao cliente e, em um ano, fui promovida quatro vezes. Passei pelo marketing e fui secretária do gerente-geral da empresa, ganhando bolsa para cursos de inglês e de espanhol, além de metade da mensalidade da minha faculdade, na época. É muito importante as empresas investirem na qualificação de seus colaboradores, sobretudo dos realmente interessados, como eu sempre fui.

Os desafios e as oportunidades devem ser encarados

Como mulheres no mercado de trabalho, lamentavelmente temos ainda dificuldade e oposição em certas reuniões nas quais predominam o gênero masculino. Aprendi que nossos argumentos são mais respeitados quando apresentamos dados concretos e de maneira assertiva. Mulher não é aquela que apenas deixa as coisas bonitas e organizadas caprichosamente. Mulher é também estratégia, é planejamento, é força, é energia, é virada de mesa, é liderança e capacidade de gestão. Por isso sempre tive como prática, ao sugerir alguma ideia, análise ou algum direcionamento, mostrar dados, pesquisas, estatísticas, estudos embasando cada proposta fora do modelo viciado.

Ainda assim, alguma coisa em mim dizia que uma carreira tradicional longa no mundo corporativo não seria excitante para minha maneira de ser. Meu desejo era seguir os passos do meu pai e ir para o universo das rádios, para a área da comunicação. Gosto de ser protagonista, de ser empreendedora, da liberdade.

Rádio, redes, eventos e conteúdos

Mesmo trabalhando formalmente em uma empresa, sempre mantive um ofício paralelo, especialmente alinhada aos projetos de meu pai, seja na produção dos programas de rádio nas emissoras em que atuou (Nova Brasil, Metropolitana FM, Transamérica FM), nos mais de 150 grandes eventos corporativos que produzimos ou nos vários produtos editoriais que criamos (livros e a tão desejada Agenda Atitude). Criamos ainda a Rádio Positiva, uma das primeiras rádios web a ter relevância no Brasil, além de canais de conteúdo em todas as redes sociais e plataformas disponíveis para difusão de conteúdos que produzimos diariamente, como nossa produção de ponta, que é o Feliz Dia Novo! Ao mesmo tempo também tinha que lidar com a gestão das nossas plataformas, especialmente o site do programa e sua atualização, e também com a administração da nossa loja virtual.

O aprendizado maior sempre obtemos dos clientes, pois eles é que validam o que entregamos. No caso de produção de conteúdo é a audiência que nos valida diariamente, escolhe ficar com a gente na sintonia ou nos troca com um movimento dos dedos sobre a tela ou no dial do rádio. Nessa trajetória em paralelo, comecei a trabalhar com meu pai na produção dos programas, o que enriqueceu muito meu entendimento de públicos diversos, diversidade e peculiaridades. Atendia ouvintes, respondia, passava longos períodos "ouvindo ouvintes" e fui dando um significado mais profundo para a palavra "conexão". Passei horas ao telefone com pessoas impactadas pelas mensagens do meu pai. Ele sempre incluiu na programação de seus programas mensagens de bom-dia "feliz dia novo", informações de diversas áreas, conteúdos que iam além da música. Eu me orgulho e aprendi muito com a sensibilidade dele e o olhar humano que ele dirige às pessoas, não importa quem seja, colocando propósito em tudo o que fazemos. A comunicação existe para alcançar o coração e alma do outro. E ela não pode ser de mão única. Inspirada nele, fui estudar na Radioficina, escola de rádio. Depois fiz outros cursos extracurriculares, todos ligados a comunicação e interpretação. Em todos os lugares em que pisei da área de comunicação, fui muito bem recebida. As pessoas sempre foram muito receptivas e quando descobriam que eu era filha do Irineu Toledo, as portas se abriam. Isso me trouxe aprendizados, mas também bloqueios. Aprendi que reputação é tudo e que honestidade não se compra. Eu me senti muito insegura perante a figura gigante que sempre vi em meu pai.

Nós demos continuidade a nossa história nos dedicando a promover encontros e produzir eventos com palestrantes de diversas áreas. Contato com o público, que delícia.

Em um desses encontros, conheci a coach Rebeca Toyama, que me convidou para fazer parte deste livro. Já sabia o que era o seu ofício e também sua importância na vida pessoal e profissional de muita gente. Fiquei encantada com o trabalho da Rebeca. Ela me convidou para ser "cobaia" *coachee* de um dos formandos em coach da turma dela na Academia de Competências Integrativas. Pude rever meus bloqueios, me ressignificar e caminhar em direção aos meus propósitos, buscando uma posição profissional mais segura.

Com as conexões que fiz intermediadas pela Rebeca, acabei assumindo, a seu convite, o papel de mestre de cerimônias nas formaturas dos coachs da ACI. Totalmente insegura, tremia na frente do público, mas é fazendo que se aprende. Houve outro convite, para me tornar coach. Não segui em frente, mas aprendi muito. O primeiro aprendizado foi sobre julgamentos. Sobre não julgar outras pessoas nem me sentir julgada. Isso me deixou leve e menos insegura.

Continuei trabalhando com meu pai nos bastidores da produção de seu programa, na época, transmitido pela Rede

Transamérica FM, e produzindo os eventos com ele e com meus irmãos. Em uma situação de trabalho, encontrei uma grande amiga, a Deise. Trabalhamos juntas durante a promoção de alguns eventos. E agora ela está com sua empresa de eventos, a DK Soluções Empresariais, a todo vapor. Ela teve um papel muito importante na minha vida, pois me convidou para apresentar os eventos da DK. Subir ao palco como mestre de cerimônias e apresentadora se tornou cada vez mais frequente. Faço isso até hoje, agora com mais segurança. Adoramos trabalhar juntas. Conheci pessoas e palestrantes, principalmente na área de vendas, e assim fui ampliando minhas conexões e conectando cada vez mais pessoas.

Nunca parar

Antes de começar a pandemia de covid-19, tínhamos um estúdio no Alto de Pinheiros, bairro em São Paulo. Dividíamos escritório com o Marcelo Ortega, renomado treinador e palestrante de vendas, que sempre foi colunista da nossa rádio e programas. Eu admirava demais as palestras dele. E eu queria aprender a vender. Sempre fui extrovertida, mas não tinha expertise em vendas. Então pedi para atender os clientes do Marcelo a fim de aprender a vender. Faço esse atendimento até hoje, entre outras atividades. Atendo as agências e os clientes interessados em treinamentos e em palestras. Minha carreira alavancou e hoje exploro caminhos mais ousados nesse imenso mar de oportunidades, já não se trata mais de dois rios que viram um. Agora os rios viraram mar...

Penso ser importante atuar e empreender em várias frentes de trabalho. Vendas é algo essencial no conjunto de minhas receitas. Paralelamente, contudo, surgiu uma oportunidade para narrar livros em projetos audiovisuais. Uma atividade que desempenho em outro ritmo, sem tirar a dinâmica que se imprime para o mundo de conteúdos e negócios digitais. Desde a pandemia, dedico-me a narrar livros. Amo fazer isso. Amo ler. Como narradora, acabo por tabela sendo uma leitora de muitas obras.

Com o intuito de distribuir as mensagens em todas as plataformas do planeta, aproveitei para estudar. Fiz um curso de Phyton, uma linguagem para programação digital. Do zero, criei o podcast do meu pai "Feliz Dia Novo", além de um site com as mensagens dele. Deu muito certo. Começamos a transmitir ao vivo pelo YouTube e outras plataformas o "Feliz Dia Novo – O Seu Primeiro Programa", com conteúdos coletados das postagens, áudios e vídeos de Irineu Toledo. Comunicador orientado pela "filosofia do bem viver", ética, propósitos, causas, missão, cultura de paz, diálogo, inspiração e motivação.

Por transitar neste mundo de eventos e palestras eu via a necessidade que os palestrantes tinham de produzir conteúdo. Passei a produzir do zero o podcast de vários palestrantes, dedicando-me ao planejamento nas fases de roteiros, da captação, da edição, da distribuição e nas análises de audiência. Da pandemia para cá, produzi mais de quinze podcasts, que somam mais de 2.000 episódios.

O fato de eu não trabalhar para uma empresa com carteira profissional assinada me faz acordar todos os dias "desempregada", mas isso me motiva e não permite que eu caia em uma zona de acomodação. Sempre procuro me reinventar em experiências novas e costumo dizer que "minha lojinha" está sempre aberta, pois estou sempre disposta a encarar o desafio de quem me procura para fazer modelagem de projetos.

Sou muito grata às conexões que faço com as pessoas, pelas oportunidades que elas me proporcionam. Se não fossem essas conexões, eu jamais estaria onde estou. Sinto que sou privilegiada, pelo legado e pela estrutura afetiva de meus pais, de minha família.

Se tiver que me reinventar todos os dias, vou fazer isso por que sou apaixonada pela vida e quero sempre mais. Faço tudo com paixão.

Acredite em você, aceite quem você é mesmo sabendo que não acertamos todas. E o mais importante: quando passar pela vida de alguém, seja por um segundo, um minuto, uma hora, dez dias, uma vida inteira, acrescente positivamente algo à vida desta pessoa.

Quando abrimos portas com o coração, com honestidade, elas nunca mais se fecham.

NEM *SOFT*,
NEM *HARD*,
MAS *PEOPLEWARE*

Neste capítulo, trago um pouco da minha história pessoal e, também, profissional na área de TI, para mostrar o quanto é importante realizar um trabalho de autoconhecimento se deseja alçar postos mais altos tanto na empresa quanto na carreira como empreendedor. Somente a partir do momento em que decidi enfrentar minhas dores, consegui me reconhecer como pessoa capaz de transformar outras pessoas.

ROBERTO ALESSANDRO
NEIF ABDALLA

Roberto Alessandro Neif Abdalla

Casado, pai de dois filhos. Apaixonado pelo mar, pelos animais e pela música. Mentor e *coach* para equipes de TI. Consultor em gestão de tecnologia. Especialista em *cybersecurity* & perito forense. Formado em Administração de Empresas pela FMU, pós-graduado em Segurança da Informação no IBTA, *coach* pela Academia de Competências Integrativas, mentor em grupo de empreendedores do META, professor palestrante do Mackenzie, FIAP e Strong-GV. Tem 32 anos de atuação na área de Tecnologia da Informação: 20 anos de experiência em gestão, coordenação e projetos, 19 anos de experiência em perícia judicial e auditorias. Consultor para a indústria 4.0 na inovação de sistemas e jornada *to the cloud*. Formador de equipes de tecnologia de alta performance. Tem experiência na implantação de padrões de governança em tecnologia e segurança, seguindo ISO 27000, SOX, ITIL, GDPR, LGPD. Possui formações em sistemas: Microsoft, Sonicwall, COBIT, ITIL, TOTVS, LAWTech.

Contatos
www.bcainfo.com.br
alessandro@bcainfo.com.br
LinkedIn: roberto-alessandro-7b9708a

Fui apresentada ao Alessandro por um amigo comum, logo após ter dado uma palestra no Teatro Gazeta, em São Paulo/SP. Nesse primeiro contato, chamou-me a atenção o interesse genuíno dele em conhecer mais o assunto sobre o qual eu havia acabado de falar. Fiquei muito feliz, pouco tempo depois, quando o reencontrei em uma apresentação da formação profissionalizante da ACI. Achei interessante ver alguém vindo da área da tecnologia, assim como eu, se interessar por pessoas.

Meses depois, após ter concluído sua formação conosco, Alessandro me procurou, durante os preparativos da formatura dele, dizendo-me que queria fazer uma homenagem a sua mãe. No capítulo, ele explica a importância dela em sua vida. Nas festas de formatura da ACI, costumamos abrir espaço para os alunos expressarem suas habilidades artísticas. Muitos sobem ao palco para tocar ou cantar alguma música que represente aquele momento, de modo que o evento ganha uma dimensão humana e artística que fica gravada no coração de todos os presentes. Na vez do Alessandro, ele subiu ao palco com um bolo de aniversário, e todos cantamos parabéns para a sua mãe. Foi um momento lindo, e muito tocante para a mãe dele, pois sua presença reforçava a família como um pilar fundamental para uma carreira saudável.

Embora venha de tecnologia, e se mantenha na área, o Alessandro vem inovando ao aplicar a metodologia da ACI de maneira autêntica, destacando a importância do elemento humano nos projetos de TI. Em vez de abandonar sua área, ou de se dedicar exclusivamente ao desenvolvimento humano, ele dá um passo estratégico ao levar a metodologia da ACI para seu lugar de atuação. Seu olhar humano e sua capacidade integrativa, que o diferencia de tantos outros profissionais de tecnologia, é o motivo de ele estar nesta coletânea.

Rebeca Toyama

Simon Sinek diz que "100% dos clientes são pessoas. 100% dos funcionários são pessoas. Se você não entende de pessoas, não entende de negócios". Quando li esta frase pela primeira vez, fiquei pensando como é difícil entender de pessoas. Porém naquela época ainda não tinha convicção disso.

Como profissional de TI, meu mundo é conectado em um computador, em uma salinha ou em meu espaço que se resume a uma cadeira, uma mesa e uma tela, talvez por isso não sentimos tanto o impacto do *home office* na pandemia.

Até têm pessoas ao lado, porém cada uma delas está ligada no seu mundo. E nos sentimos bem assim, porque faz parte do que gostamos e do que vivemos em nosso dia a dia. Agora, o que fazer quando nos é atribuída uma equipe para que possamos direcioná-la?

As primeiras "desconexões"

Até os meus 11 anos de idade, posso dizer que tive uma vida muito boa. Minha família tinha uma condição financeira próspera. Meu pai tinha um negócio próprio com bons rendimentos e minha mãe ficava comigo e com minhas duas irmãs em casa. Como filho caçula, tinha mais regalias.

Só que, a partir dessa idade, nossa vida mudou. Naquela época, eu, um pré-adolescente, não entendia direito o que significava "falir", apenas percebi as mudanças que foram acontecendo na nossa casa. Nervoso, meu pai não tinha paciência para nada e as brigas começaram entre ele e a minha mãe. Precisamos vender nossa casa para pagar as dívidas e fomos morar de aluguel. Saí da escola particular em que estudava e fui matriculado em uma escola pública.

Mais brigas entre meus pais, separação, volta, separação, mais brigas; enfim, nossa vida virou um caos. Não tínhamos dinheiro para nada, ou melhor, só para o básico. Nova mudança de casa, agora para um bairro mais periférico e em um espaço menor ainda. Diante do quadro depressivo do meu pai, minha mãe começou a buscar recursos, vendendo o que aparecesse. Ela não tinha formação profissional, mas era guerreira!

Minha irmã estava na faculdade. Então, um mês pagava o aluguel; outro, a faculdade. Minha mãe dizia que ela precisava se formar a fim de trazer mais recursos para casa. Eu e minha outra irmã continuávamos na escola pública e tentávamos ajudar em casa enquanto minha mãe saía para ganhar pelo menos um pouco de dinheiro a fim de pagar as contas.

Sempre fui um garoto tímido, gostava de ficar sozinho, no meu mundo, com meus videogames e jogos individuais. Adorava quando um amigo me convidava para ir ao hotel fazenda dele e ficava em contato com os animais. Até pensei em fazer agronomia, mas fui desencorajado pela minha mãe, que dizia "para largar disso, porque não tínhamos terras para possuir animais".

Foi nessa época que minha mãe começou a vender peças para computador, que ainda era algo não conhecido no Brasil. Ela chegou a trazer peças do exterior para vender aqui. E o negócio começou a prosperar. Assim, meus pais decidiram abrir uma pequena empresa em casa.

Como estava terminando o ensino médio, ajudava meus pais na empresa e me preparava para fazer faculdade. O primeiro curso que pensei em fazer foi informática, mas as faculdades estavam engatinhando com relação ao tema, então optei por administração de empresas. Além da faculdade, resolvi também investir em cursos de aperfeiçoamento em informática. Acho que fiz mais de 40 cursos técnicos durante a faculdade. Aproveitava as oportunidades para investir em algo que ainda era novo no país.

Como percebi que tinha muita facilidade para lidar com *hardware* e *software*, fazia os cursos e dava aulas de informática para o pessoal da faculdade. Depois, resolvi abrir uma escolinha dentro da empresa dos meus pais para ampliar as possibilidades. Assim, enquanto meus pais vendiam peças de computador, eu ensinava a usar os computadores.

Começam as primeiras "conexões" (de *hardware* a *software*)

Em 1991, com a abertura da reserva de mercado pelo presidente Fernando Collor, as empresas queriam importar a tecnologia por um preço menor e muito melhor. Meus pais viram um nicho e eu, uma oportunidade. Realizava todos os cursos aos quais tinha acesso; aprendia, instalava e ensinava a montar. Com isso, surgiu a empresa BCA Informática e a escola conjuntamente.

Enquanto a empresa crescia cada vez mais na liderança de meus pais, eu ampliava o mundo da microinformática para redes, servidores e programas. Dominado o *hardware*, parte física da informática, precisava ampliar ainda mais as possibilidades. Então, comecei a estudar as interligações deles, a partir das redes de computadores (*network*). Novos cursos de rede, cabeamento, e depois, Servidores. Com desafios de aprendizado, venda e implantação, passei a vender e ampliar meus cursos e serviços da BCA, como um consultor de informática.

Acontece que a sobrecarga de trabalho e estudo fez que tivesse alguns problemas sérios de saúde, principalmente relacionados à parte gástrica. Aliás, desde o início da faculdade até por volta dos 21 anos, sofri muito com problemas físicos. Ainda mais agravados pela morte do meu pai, quando estava finalizando a especialização em administração.

Sem meu pai, precisava dar mais suporte à minha mãe na empresa e aos funcionários. Naquela época, eu já namorava e tinha intenção de me casar. Porém, a prioridade era manter a empresa para garantir nossa renda. Minhas irmãs seguiam caminhos diferentes em termos profissionais e nenhuma delas quis continuar nos negócios da família.

O casamento aconteceu com meus 25 anos e a melhora na saúde também. Brinco que o amor me curou! Com o casamento, eu e minha esposa fomos morar em São Bernardo do Campo, mas a empresa continuava na capital, São Paulo. A vida ainda era muito agitada: consultorias, empresa, cursos, aulas de informática, trânsito, muito trânsito. Não tinha tempo para descansar nem para o lazer.

Quando estava com 28 anos e já tinha meu primeiro filho, estava com uma carteira de empresas importantes como consultor. Aos 31 anos, fui convidado para trabalhar em uma empresa multinacional. Na época, considerei o convite uma oferta maravilhosa para a minha vida. Nunca tinha trabalhado como empregado, liderando um time de TI, porém as vantagens que teria em benefícios, além do excelente salário, status, foram os elementos primordiais para a minha decisão.

Nessa fase, deixei a empresa familiar com a administração da minha mãe; não tinha como cuidar das duas ao mesmo tempo. O trabalho na multinacional foi muito intenso também, viajava fora do país, ficava muito ausente do ambiente familiar. Inclusive, quando nasceu meu segundo filho, fiquei em casa apenas dois dias. Novamente, estava priorizando o trabalho, não a minha vida e da minha família.

Depois de alguns anos trabalhando na multinacional, por conta de um problema na condução de um projeto, acabei sendo demitido. Com a demissão, fiquei muito desestruturado. Estava com dois filhos pequenos, sem as regalias que a empresa me fornecia e todos os benefícios. Foi um momento muito desafiador, um banho de água fria!

Então, resolvi retomar meus projetos na BCA e reiniciei com novos estudos, principalmente em segurança da informação e perícia. Fiz pós-graduação e algumas especializações – um upgrade tecnológico – e voltei a fazer consultorias. Com isso, a situação financeira foi melhorando e comecei a olhar para minha saúde novamente. Retomei a academia, comecei a jogar tênis e redescobri no surfe uma paixão.

Nem *hardware*, nem *software*, mas *peopleware*

Aparentemente, a vida estava como eu queria, o trabalho crescendo cada vez mais, cuidando da minha saúde e vivendo mais com a minha família. Só que ainda tinha algo a aprender. Como disse no início do texto, sempre fui tímido, introspectivo, e minha profissão favorecia esta atitude.

Foi então que comecei a me deparar com uma parte mais desafiadora, e aqui começa a minha transformação interior. Um ex-colega da multinacional assumiu um cargo em uma franquia da Thomas Case; e como gostava muito do meu trabalho, me chamou para ser prestador de serviço na área de tecnologia em uma das empresas que estava montando. De *hardware*, eu conhecia; de *software*, também; agora, de "*peopleware*", nem tanto!

Minha empresa tinha poucos funcionários e cada um ficava em seu laboratório fechado, no computador, ou ainda em uma sala de TI. Na multinacional, encontrei dificuldade em lidar com as equipes, principalmente para motivá-las; com outros gestores, a comunicação era outro problema. Na empresa do meu amigo, encontrei o mesmo contratempo. Percebi que precisava desenvolver essa habilidade para melhorar ainda mais minha performance. Por ser uma empresa ligada a recursos humanos, esse novo cliente me indicava diversos sinais de necessidades de ajustes, em minha consultoria, ou no time que gerenciava.

Foi então que tive o primeiro contato com a Rebeca Toyama, em uma das palestras promovidas pela empresa do meu amigo, no Teatro Gazeta, com uma abordagem sobre autoconhecimento, valores e a relação com nossas vidas pessoais e profissionais. Pouco tempo depois, tive nova oportunidade de assistir a outra palestra, com o tema sobre desenvolvimento pessoal.

Os temas das palestras me chamaram muito a atenção, tanto que decidi fazer o curso de coaching integrativo. Aos poucos, fui me desenvolvendo não só na parte prática como também na parte emocional, comunicativa. E compreendi a importância desse processo na nossa vida pessoal e na carreira profissional.

Hoje, além da consultoria de tecnologia e segurança da informação nas empresas, também desenvolvo mentorias para pessoas, o que vem causando um diferencial na minha vida. Acredito que nunca deixamos de aprender e que o aprendizado é uma via de mão dupla; se não praticarmos o que vimos, não há assimilação do conteúdo. E lidar com pessoas não é algo simples, cada uma reage de um jeito; são muitas situações que atravessam o caminho durante o processo.

O interessante é que, quando você passa a entender tudo isso, fica menos desafiadora a caminhada. Você melhora o relacionamento interpessoal no ambiente de trabalho e nas relações familiares. Por isso, criei o termo "*peopleware*", para mostrar que lidar com a tecnologia é aprender e praticar, mas lidar com pessoas ainda é um passo em construção.

As empresas precisam se conscientizar de que o profissional de TI necessita desenvolver a interação com pessoas, a inteligência emocional, para se conectar não apenas com as máquinas, mas sim com a sua melhor versão. Acredito que, independentemente da área na tecnologia, é importante que sejam construídas pontes para interligar pessoas, e não muros para separá-las.

Não adianta ter um profissional maravilhoso na área técnica, mas a pessoa não conseguir lidar com as dores emocionais. Digo sempre que o profissional de TI é bit e byte, 0 ou 1, muito lógico, por isso precisa se desenvolver no autoconhecimento. A comunicação é muito importante no processo: falar e ser entendido e entender o que o outro quer dizer.

É importante que a pessoa faça um desenvolvimento individual alinhado com a empresa. Assim, há conexão pessoa-colaborador, pessoa física-pessoa jurídica; e, por intermédio de um mentor, promove-se seu potencial. E a pessoa só se desenvolve se tiver um plano de desenvolvimento individual, alinhando seus valores e seus talentos com a empresa.

Somente quando tive coragem de olhar para minhas dores, percebi que, se não há equilíbrio entre a razão e a emoção, a pessoa não cresce; ou até cresce, mas de maneira capenga. Segundo o tripé dos pilares da administração de empresas, processos-pessoas-tecnologia, um é burocrático e metodológico (processos), outro é domínio técnico (tecnologia), a questão está nas pessoas.

Parodiando o tripé da administração, hoje, consciente quanto aos meus valores e talentos e mais próximo do meu desenvolvimento emocional, comunicativo, organizado, digo: conhecimento-autoconhecimento-prática. Somente com conhecimento, você avança muito, porém se não colocar em prática de nada valerá; por isso a importância de se conhecer e trabalhar suas dores.

Para finalizar, adiciono na reflexão de Simon Sinek, quando ele afirma que "se você não entende de pessoas, não entende de negócios", que, quando você aprende a se comunicar de maneira clara e com conhecimento do seu potencial, conseguirá progredir em vários setores da vida. Somente quando o pessoal do TI ou usuário, colaborador e gestor estiverem com propósitos e valores compartilhados, alinhados, teremos uma pessoa e um profissional de alta performance. Sem o "*peopleware*", quem pilotará o *hardware/software*?

Cabe a nós, gestores, desenvolvermo-nos e preparar nossos colegas e familiares para que cresçam conosco.

18

VÁ APRENDER, PORQUE VOCÊ TEM UM POTENCIAL PARA GRANDES NEGÓCIOS!

Eu estava cursando a faculdade e o meu pai me fazia ir lá na vidraçaria, atender os clientes no balcão, empacotar as encomendas, carregar vidros, emitir notas fiscais, realizar entregas de Kombi, além de "varrer calçada" e limpar tudo. Ele me colocava para executar os serviços cotidianos da empresa e com dedicação e paciência me ensinava, enquanto me pedia para aprender, porque via em mim vocação para negócios maiores. – (Alcanto Suga).

ROBERTO SUGA

Roberto Suga

Administrador de empresas com ênfase em comércio exterior (1987), seguido por um MBA em Comércio Internacional pela FGV-RJ/OEA (1988). Especialista em Negociações Comerciais Internacionais pela Agencia Española de Cooperación Internacional na Bolívia (1989) e em promoção comercial internacional pela ONU-UNCTAD/MRE-Itamaraty (2001). Com 35 anos de experiência, atuou no setor público, privado e como diplomata de organismos internacionais. Empresário na área de tecnologia agroindustrial e associado à Bicicchi Assessoria Empresarial, prepara empresas para investimentos por fundos de private equity e IPO. Diretor-superintendente da AGROCEN para o Centro-Oeste, avaliou a regularização de propriedades rurais em Mato Grosso por servidão ambiental como reserva legal.

Contatos
robertosuga@hotmail.com
LinkedIn: roberto-suga-04b8274

Entre as ferramentas desenvolvidas pela ACI, temos uma atividade chamada "Descreva-me", cujo propósito é ajudar nosso cliente a entender como o mercado o vê. A pessoa envia um link com algumas perguntas para pessoas do seu convívio (profissional, social, familiar etc.). Sempre que recebemos as respostas, agradecemos a essas pessoas por sua contribuição. Em resposta a um desses nossos agradecimentos ao "Descreva-me" (feito no perfil do José Ricardo, também nosso cliente), recebemos uma mensagem do Roberto Suga, em que ele dizia ter interesse em nos conhecer.

Depois de uma longa conversa, o Roberto iniciou uma mentoria comigo. Ele estava em um momento de transição, buscando se localizar na nova configuração de sua vida (ele havia sido diplomata, empreendedor, investidor etc.). O trabalho fluiu muito bem e ampliou a visão do Suga sobre seu potencial e suas possibilidades. No capítulo que escreve aqui no livro, ele fala de alguns de seus grandes projetos e atuações, além de mostrar, sobretudo, que existe espaço no mercado para perfis maduros como o dele.

No momento, ele está envolvido em um enorme desafio, o qual pode se configurar no maior negócio de sua vida. Como ele lembra, seu pai já havia sinalizado que ele seria um grande empresário, com vocação para grandes negócios. Durante toda a sua vida, isso ficou um pouco adormecido, mas hoje Suga está feliz por poder honrar a memória do seu pai.

Rebeca Toyama

Um pouco mais sobre o autor

Em parcerias público-privadas, exerceu o cargo de Diretor de Projetos da estatal MT Parcerias S.A. na coordenação de projetos, tais como concessões de rodovias, Ganha Tempo, recuperação e manutenção de parques, escolas e saneamento.

Como *Investment Banker*, associou-se ao Oppenheimer & Co. Inc. de Nova York e outros bancos nacionais e internacionais, participando de operações estruturadas de dívidas, fusões e aquisições, e IPO, contribuindo para captação de investimentos estrangeiros que ultrapassaram R$ 1,6 bilhão.

Consultor tanto da OEA (Organização dos Estados Americanos) como da ONU (Organização das Nações Unidas) em comércio internacional para a América Latina, coordenador do Programa de Promoção de Investimentos Estrangeiros no Itamaraty em Brasília e coordenador do Programa de Promoção de Investimentos, Exportações e Desenvolvimento da Bolívia como diplomata da USAID. Presidente do Conselho Consultivo e ex-presidente executivo da FBVA (Federação Brasileira de Veículos Antigos), sendo Autoridade Nacional FIVA no Brasil pela *Fédération Internationale des Véhicules Anciens* (França) e na Câmara Temática de Assuntos Veiculares e Ambientais do CONTRAN.

Histórias que transformam

Carregando o sangue empreendedor na modernidade

A história teve início em 1912, quando meus bisavôs japoneses desembarcaram no Brasil em busca de oportunidades. Originários da província de Yamaguchi, possuíam uma pequena propriedade rural e uma pousada ("*ryokan*") em Shimonoseki, Japão. Meu avô Jorge, um mestre carpinteiro habilidoso da Mitsui Estaleiros, chegou a São Paulo em 1914, onde empreendeu a fundação da Casa Mikado, a primeira fábrica de móveis da colônia japonesa na Santa Cecília. Após prosperar, nos anos de 1930, enviou seus três filhos mais velhos para estudar no Japão. Meu pai, Alcanto, registrado cidadão japonês foi convocado para a guerra em Hiroshima, interrompendo seus planos de estudar medicina na Universidade de Tóquio. Após o conflito, meu avô trouxe os filhos de volta ao Brasil.

Já no Brasil, em 1949, meu pai, após um período de prisão de seis meses como desertor no Brasil por não se apresentar aos 18 anos para o serviço militar, cumpriu todo o tempo do serviço de 12 meses. Posteriormente, uniu-se à fábrica de móveis da família e depois empreendeu e comandou por 56 anos a Vidros Liberdade, fabricante de espelhos e distribuidora da Pilkington e Saint Gobain. Durante esse período, conheceu minha mãe Toyoko (Edith), filha de um produtor rural e líder regional que coibia judicialmente as práticas de grilagem junto aos imigrantes do "Eixo", japoneses, italianos e alemães durante a Segunda Guerra.

Nasci no bairro paulistano da Aclimação, estudei em diversas escolas e iniciei administração de empresas. Também iniciei direito na PUC, porém não concluí, pois conquistei uma bolsa da Organização dos Estados Americanos e da Fundação Getulio Vargas/RJ, para um MBA em Comércio Internacional.

Após concluir meus estudos na FGV, fui contratado. O título de MBA em Comércio Internacional era uma distinção valiosa na época, que resultou lecionar em diversas instituições, tanto no Brasil – como Mackenzie, FAAP, Anhembi Morumbi, Metodista, Dom Bosco em Campo Grande/MS e Univille em Joinville/SC – quanto em outras nações, como Argentina, Chile, Paraguai, Bolívia e Peru.

Integrei uma consultoria especializada no mercado latino-americano do Professor Mário Sacchi. Destaco minha participação em um projeto pioneiro da OEA, em parceria com a IBM, que resultou na criação do primeiro banco de dados eletrônico de empresas norte-americanas importadoras na organização para estimular as exportações latino-americanas para os Estados Unidos. Posteriormente, na USAID (*United States Agency for International Development*), coordenei um programa para o desenvolvimento da Bolívia, complementando as atividades do DEA *(Drug Enforcement Administration)* na repressão ao narcotráfico. Minha equipe e eu trabalhávamos no desenvolvimento, atração de investimentos estrangeiros, promoção de exportações e geração de empregos.

Na maior trading japonesa, a Itoh-Chu Brasil, como subgerente do Departamento de Alimentos durante o plano Collor, participei na joint-venture Itoh-Chu e Cutrale na exportação de suco de laranja concentrado por terminais a granel nos portos de Santos e Yokohama via navios tanques. Colaborei nas iniciativas do jornalista Luís Nassif da agência Dinheiro Vivo ao criar as "comunidades exportadoras" para beneficiar a cadeia produtiva de grandes empresas exportadoras como a Embraer e sensibilizar o apoio da APEX (Agência de Promoção de Exportações), presidida na época por Dorothéa Werneck.

O hobby dos carros antigos

Lipel Custódio, amigo do meu *hobby* de carros antigos, me apresentou a Carlos Knapp, colaborador do governo Fernando

Henrique Cardoso. Essa conexão resultou em minha mudança para Brasília, quando passei a coordenar o programa de atração de investimentos estrangeiros do governo federal no Itamaraty. Ao retornar a São Paulo, reencontrei o colecionador Fernando Hormain e ingressei no mercado de capitais internacionais, participando de uma emissão de Eurobonds para o grupo Itapemirim. Essa experiência abriu portas para minha atuação em outros bancos de investimentos no Brasil, e a aproximação estabelecida com o Banco de Desenvolvimento da Coreia do Sul contribuiu para o desenvolvimento empresarial no país.

Nos trâmites da representação de um banco de investimentos brasileiro em Singapura, fortaleci laços com investidores asiáticos na tentativa de listar empresas brasileiras na bolsa de valores local. Contudo, a crise do subprime nos Estados Unidos fechou as oportunidades no mercado internacional. Diante desse cenário desafiador, reavaliei minha trajetória e me associei ao Oppenheimer de Nova York.

Nos anos de 2014 a 2016, diante do expressivo crescimento do agronegócio no Brasil, estruturei fundos de investimentos relacionados ao setor. Minha vivência como diplomata da USAID, promovendo investimentos na Bolívia de 1993 a 1997, foi fundamental. Nessa época, ministrei no Brasil palestras sobre oportunidades no agronegócio boliviano, com destaque para a iniciativa do empresário brasileiro Olacyr de Moraes.

Em um período em que Olacyr (Grupo Itamaraty) planejava expandir suas atividades na Bolívia, uma fazenda experimental de 100 mil hectares de algodão despertou interesse dos brasileiros. Esta experiência motivou a diretoria da Cocamar a decidir estabelecer uma fazenda-piloto de 8.500 hectares, da qual me tornei sócio. Meu relacionamento com organismos internacionais permitiu obter recursos do BID (Banco Interamericano de Desenvolvimento), Banco Mundial e Corporação Andina de Fomento, contribuindo para o êxito dos brasileiros no agronegócio boliviano. A fazenda Agroingá foi reconhecida pela Bayer como uma experiência de sucesso na agricultura boliviana.

Na busca por estabelecer um fundo do setor agropecuário no Brasil, conheci Paulo Taques, ligado aos carros antigos. O primo dele, Pedro Taques, assumiu o Governo de Mato Grosso. Com a apresentação de um amigo em comum, Carlos Manhanelli, fui convidado a ser Diretor de Projetos na empresa MT Parcerias S.A. Nesse papel das parcerias público-privadas, participei de estudos para concessão de rodovias, parcerias para preservação de parques estaduais e implementação de internet em todo o estado, com foco nas rodovias. Em 2020, durante meu tempo lá, enfrentei o desafio da pandemia, perdendo meu pai em maio do mesmo ano.

Raízes revisitadas

Após a perda de meu pai, retornei a São Paulo. Ao repensar meu caminho, explorei oportunidades no mercado financeiro, analisando desafios empresariais e buscando oportunidades na área de fusões e aquisições. Pelo Andrés Pesserl, amigo de carros antigos, acabei me associando a um notável projeto tecnológico com o precursor da liofilização no Brasil, Pedro Guerrino. O desejo pelo projeto levou-me a formatar um plano de negócios com o antigomobilista Sérgio Bicicchi e Ailton Domingues e, juntos, identificar e contatar potenciais investidores. Cogitei a ideia de instalar uma fábrica em São Paulo, contando com o incentivo de inovação tecnológica do governo e apoiado pelo então Secretário de Agricultura Itamar Borges, que manifestou total interesse da "Desenvolve São Paulo".

Da ideia de criar uma fábrica de liofilização, surgiu a oportunidade de adquirir uma indústria de alimentos com 60 anos de história. A aquisição vem como uma alternativa promissora e este projeto de liofilização reflete muito meu desejo de empreender.

Desafios na transformação de alimentos

O negócio de liofilização é altamente promissor no Brasil devido à sua demanda reprimida por falta de oferta.

Processo de sublimação que consiste na secagem de produtos por meio do frio em temperaturas de até 60ºC negativos e submetidos a alto vácuo.

É atualmente o mais avançado processo em tecnologia de conservação. Por se tratar de uma tecnologia internacional cara e pouco acessível, sua aplicação no Brasil, em escala industrial, depende de altos investimentos e *know-how*. Esse método permite a retirada de líquido de até 99,5%, preservando a estrutura molecular do produto.

A tecnologia da liofilização de alimentos, originada durante a Segunda Guerra para otimizar o transporte de sangue humano, é um mercado pouco explorado no Brasil, e buscaremos atender à demanda das grandes indústrias de panificação, chocolataria, iogurtes, *baby food* e sopas. Trata-se de mercado imenso no Brasil, com pouquíssimos players para atendê-lo. Acredito ser um empreendimento no qual o céu é o limite.

O Brasil é um dos grandes produtores de frutas mundiais, porém temos uma perda muito grande na logística de distribuição comercial. Como consequência, o produtor rural é muito prejudicado. Produtos perecíveis como frutas e legumes, rejeitados pela aparência, nós podemos fatiar, cortar em cubos, picar e liofilizar para servirem como ingredientes para as grandes indústrias de alimentos. O produto liofilizado tem até 50 anos de preservação em embalagem metalizada e em temperatura ambiente.

Eis o momento em que se cumpre a profecia de meu pai: "Vá lá! Dedique-se a aprender e a pensar em negócios maiores. Você tem vocação para empreendimentos mais elevados."

Roberto Suga

A vocação que impulsiona negócios maiores

Hoje, encontrei o meu propósito maior: empreender na liofilização, dedicar-me no ciclo do empreendedorismo e praticar o hobby de carros antigos, que me acompanha em todas as fases da minha vida. Além disso, o carro antigo me proporcionou o meu ingresso à Maçonaria no Estado da Paraíba, em que celebro 25 anos de dedicação e ocupo o cargo de Deputado Federal na Soberana Assembleia Federal Legislativa Maçônica.

Minha paixão por carros antigos tem origem nas memórias afetivas de viagens com meus pais na infância. Esta tradição continua com minha mãe, D. Edith, de 96 anos, uma incrível companheira que ainda dirige e participa ativamente de viagens e ralis de carros antigos.

Apesar de todas as conquistas, mantenho o foco na convicção de que a verdadeira riqueza da vida está no que meu pai impulsionava incessantemente: aprender, aplicar esse aprendizado e cultivar relações humanas positivas. Essa abordagem visa ao aprimoramento espiritual e à contribuição para uma sociedade mais justa e perfeita.

Muito obrigado a Deus, o Grande Arquiteto do Universo, pela orientação e pelas realizações em minha vida, com a proteção divina e alimentando cada vez mais a minha fé.

19

FLORESCER
TRANSFORMANDO AUTOSSABOTAGEM EM AUTORREALIZAÇÃO

A autossabotagem é a "lama" que paralisa ou a chama para a autorrealização? A partir da conscientização da necessidade para a transformação, é a chama. Assim como a flor de lótus cresce na lama para florescer, a autora "floresceu" transformando mecanismos de autossabotagem em seu potencial. Como psicóloga e *coach*, autorrealiza-se auxiliando pessoas a "florescerem" nos seus caminhos de transformação.

SIMONE M. A. DE C. ANDRADE

Simone M. A. de C. Andrade

Possui graduação em Psicologia (1990), mestrado em Educação (2010) e doutorado em Educação (2018), todos pela Pontifícia Universidade Católica de São Paulo. Psicóloga clínica atuante em consultório particular desde 1991. Especialização em Psicoterapia Junguiana coligada às técnicas corporais e orientação vocacional. Formação em *Coaching* Integrativo na Academia Integrativa de Coaching e Orientação vocacional. Especialização em Bases de Medicina Integrativa do pelo Instituto Israelita de Ensino e Pesquisa Albert Einstein. Estudante de pesquisa do Grupo de Estudos e Pesquisa em Interdisciplinaridade (GEPI) e pesquisadora do INTERESPE (Grupo de Estudos e Pesquisas sobre Interdisciplinaridade e Espiritualidade na Educação). Tem experiência na área de psicologia, com ênfase em psicologia simbólica junguiana, e atende adolescentes, jovens e adultos.

Contatos
drasimoneandrade.com
simone50@terra.com.br
Instagram: @simoneandradepsicologia

Conheci Simone na época em que eu fazia pós-graduação de Psicologia Transpessoal. E me lembro de ter ficado muito feliz quando, algum tempo depois, ela me procurou para fazer a formação profissionalizante da ACI. Simone é psicóloga clínica há mais de 32 anos, pós-graduada e tem mestrado e doutorado em Educação. Chega a ser surpreendente a capacidade dela de levar para os trabalhos que desenvolve em sua área, a dinâmica dos aprendizados e valores que pregamos na ACI.

Simone é um exemplo de pessoa e de profissional que está o tempo todo se reinventando. Ela é mãe de gêmeas, esposa, tem uma vida acadêmica intensa e, ao mesmo tempo, demonstra uma disposição impressionante de servir e ajudar o outro. Creio que é principalmente nesse aspecto, o de auxiliar o outro, que se encontra essa disposição dela de sempre se reinventar.

Apesar de multiempreendedora (ela já teve escola de inglês, posto de gasolina, estacionamento etc.), é no autoconhecimento que Simone encontra combustível para se transformar, sempre buscando levar outras pessoas a dar um passo além em sua jornada, ajudando-as, como ela diz em seu capítulo, a florescerem, se realizarem e encontrarem o seu verdadeiro propósito. Aliás, esse é um aspecto que coincide muito com um dos objetivos da formação profissionalizante que oferecemos na ACI e que informa e transforma na prática. É exatamente esse o perfil de Simone, alguém que aplica intensivamente tudo o que aprende na vida.

Rebeca Toayama

Simone M. A. de C. Andrade

Introdução

Tenho 55 anos, sou casada, psicóloga com mais de trinta e dois anos de experiência clínica. Diferentemente de outros textos, neste capítulo objetivo a partir da minha história, compartilhar algumas experiências que me transformaram e que talvez possam inspirar outras pessoas.

Quando recebi o convite para participar deste livro, confesso que pensei em desistir, identifiquei que teria muitos desafios para enfrentar, pois me expor não é uma tarefa fácil. O primeiro obstáculo que enfrentei diz respeito à minha personalidade. Sempre fui reservada, mas na verdade descobri que esse comportamento funcionava como um mecanismo de defesa para encobrir as minhas vulnerabilidades. A imagem que sempre sustentei era de uma pessoa forte, e mostrar as minhas fragilidades não fazia parte desta persona. Encobria as fraquezas por trás de um papel de fortaleza. Inclusive, durante a minha formação de psicologia fui treinada e encorajada para evitar a exposição da minha vida pessoal, o que reforçou essa tendência. No entanto, essa explicação não foi satisfatória.

Ao me questionar e aprofundar os reais motivos desse comportamento, revi a minha trajetória e observei que havia um ponto em comum em várias fases da minha vida: a autossabotagem colocava-me consciente ou inconscientemente em situações que não me permitiam revelar todo o meu potencial! Foi durante a faculdade que comecei a vivenciar o poder da transformação do autoconhecimento.

Eu percebi que tinha uma grande força interna, mas que não estava consciente dela. Não foi fácil fazer essa "travessia". Foram vários ciclos e várias etapas percorridas. A cada etapa entrava em contato com mais mecanismos autossabotadores. Esse processo simbolicamente revelou a metáfora que me acompanha desde o meu mestrado: a flor de lótus. Ela cresce na lama e na água lamacenta, mas sua beleza e sua pureza emergem quando ela floresce acima da superfície da água. A flor de lótus representa o crescimento pessoal, a transformação e a superação de desafios. Mesmo nas circunstâncias mais difíceis e desafiadoras, podemos nos elevar, crescer e florescer, como a flor de lótus, transformando-nos completamente.

Quando superamos obstáculos e enfrentamos dificuldades, crescemos como indivíduos e transformamos nossas experiências negativas em algo positivo e significativo. A descoberta da metáfora da flor de lótus foi o elemento catalisador que me fortaleceu para realizar uma travessia interna, rumo à minha jornada de autoconhecimento e de autodescoberta da minha própria essência e do meu potencial, apesar de todas as adversidades. Entendi que eu podia atravessar a lama para aflorar tal qual a flor de lótus. Esse é o meu mito pessoal: compreender a travessia, aprender a mergulhar na lama para florescer, para ser transformada e transformar.

Em certa medida, em algum momento, nos deparamos com a lama. Às vezes, nem sabemos que estamos presos inconscientemente por mecanismos autossabotadores. A notícia boa é que tem saída! Ao reconhecermos esses mecanismos, podemos transformá-los. Venho ao longo desses anos transformando o meu "lamaçal" e de inúmeras pessoas em realização. Descobri que compreender a travessia, mergulhar na lama, mas aprender a sair, nos ilumina, nos ajuda a "florescer" e é profundamente transformador. E é essa travessia que vou compartilhar com vocês.

Apresentando meu caminho: as primeiras experiências no "lodo"

Inicio pela explanação de algumas significativas vivências que hoje compreendo como "sementes simbólicas" de transformação. Me impulsionaram para a busca do autoconhecimento e transformação. Sou a filha do meio. Tenho mais dois irmãos. Nasci de parto normal. Durante minha gestação, a minha mãe sentia muito medo, pois o parto do irmão que me antecedeu foi muito difícil. Ele nasceu de fórceps e os dois quase morreram. Absorvi de alguma forma esse medo, que me paralisava em várias situações.

Desde bebê minha mãe contava que eu não dava "trabalho" e quase nem chorava. Era muito boazinha, quietinha. Acho que o primeiro medo era não ser amada, não ser aceita e mais tarde entendi que essa foi a origem do meu comportamento de passividade diante das situações de conflito, que aliás perduraram por muito tempo.

Meu "reinado" de filha única terminou quando minha irmã nasceu: minha crise de ciúmes foi tão grande que até tive febre. Os sintomas não pararam por aí e desenvolvi asma como uma maneira de chamar a atenção da minha mãe e da família; sentia-me frágil e paralisada durante as frequentes crises de asma. As crises de asma e o ingresso para a faculdade de psicologia foram os motivos que me levaram a submeter-me à terapia.

A primeira abordagem que escolhi foi a terapia psicodramática, que é uma psicoterapia de grupo usada como núcleo de abordagem de exploração da psique humana e seus vínculos emocionais. Não me identifiquei muito com essa abordagem e, após a graduação, realizei a terapia junguiana, com técnicas corporais, nas quais, em algumas sessões, submetia-me a um trabalho de relaxamento e percepção corporal. Identifiquei-me com esse trabalho e procurei especialização com a abordagem junguiana. Aos poucos, percebi a importância de poder dar voz e consciência ao corpo. Com a terapia, ganhei consciência de que meus sintomas e alguns comportamentos eram "mecanismos autossabotadores". Paralisavam-me, sentia-me enfraquecida e, de certa forma, desconectada do meu poder de realização. Aos poucos, entrei em contato com esse "lamaçal" que me paralisava. Foi durante a faculdade que aprendi o poder de transformação do autoconhecimento. Eu descobri que estava desconectada de mim mesma. Não foi fácil fazer essa travessia. Foram vários ciclos e várias etapas percorridas. A cada etapa entrava em contato com mais mecanismos de autossabotagem e mais uma transformação ocorria.

Saindo do lodo familiar: "A dimensão sagrada e os potenciais transformadores"

Durante a minha adolescência, as discussões do meu pai com meu irmão eram frequentes. Meu pai exacerbava agressivamente seu lado autoritário, o que me impactou emocionalmente. Vivenciei inúmeras experiências com ele; era uma figura de autoridade forte e muitas vezes usava a agressividade para manter o seu poder. Lembro-me de que eu não enfrentava, só chorava ou me calava. Tinha medo, me assustava. Se fosse com outras pessoas, como foi com o meu irmão, me distanciava das discussões.

Essas situações causaram um distanciamento de figuras de autoridade, por exemplo, de professores que poderiam ter me apoiado na minha carreira. Procurava não me destacar, o que se tornou mais um mecanismo autossabotador. Tenho memorizada uma situação marcante que foi gerada por muito medo, mas que foi profundamente transformadora. Aos 18 anos, estava no meu quarto e já quase pegando no sono, ouvia os berros de discussão do meu pai com meu irmão. Nesse momento, tive uma experiência que hoje compreendo como uma experiência de projeção astral. Meu avô paterno, já falecido, comunicou-se comigo. Disse para me acalmar, que me amava e que "tudo iria acabar bem". Enfim, foi tudo muito real e uma experiência muito forte. Fiquei atordoada, como poderia entender o que estava acontecendo? Não tinha repertório para compreender essa situação e busquei o apoio da minha avó paterna. Ela incluía na sua vida a dimensão espiritual e acolheu a minha experiência como uma conexão com a dimensão do sagrado. Explicou-me, dentro do seu conhecimento, sobre a doutrina espírita, que poderia ser o espírito do meu avô. Essa explicação fez sentido, embora só anos mais tarde, quando, ao vivenciar técnicas de vivências passadas, durante a especialização, que realizei nessa temática, deparei-me novamente com a dimensão espiritual na minha vida e no meu trabalho. Esse foi um aspecto que transformou a minha vida e que me protegeu para não me "afundar" nas autossabotagens.

No entanto, antes dessa fase, atravessei algumas situações que desafiaram a minha resiliência. Por exemplo, quando me casei, era muito jovem, meu marido logo perdeu emprego. Na época foi bastante tenso, eu dava aulas de inglês e atendia no consultório, mas não era suficiente para pagar nossas despesas. Meu marido trabalhou em outros lugares, mas não se sentia feliz com a sua profissão. Apesar da nossa instabilidade financeira, após quatro anos de casamento, ouvimos a "voz do coração" e decidimos que gostaríamos de ter um filho. Após a decisão, logo fiquei grávida e aos quatro meses de gravidez veio a surpresa: teríamos gêmeos! Apesar das "gangorras emocionais", essa foi uma das fases que me sentia mais plena. Foi nessa mesma época que minha grande companheira de vida, a avó paterna, faleceu após uma luta contra o câncer. Apesar do luto, no final da gestação, decidi empreender em uma franquia de inglês para crianças; não poderia demorar, porque precisávamos de um ganho financeiro extra. Estava grávida de gêmeos e gestando um novo negócio. Esse negócio, apesar de dar um certo retorno financeiro, não deu o esperado.

Vendemos o negócio após dois anos; pelo menos, conseguimos reaver o valor investido. Nessa época, tivemos ajuda da família para investir em um novo negócio: um posto de gasolina. Um negócio que não conhecíamos e era muito complexo para se administrar. Foi um movimento autossabotador, porque, além de não termos nos preparado, eu me envolvi no negócio com o meu marido, tive que me distanciar da minha profissão. Após dois anos, consegui voltar a atuar na psicologia clínica. Foi na mesma época que vivenciei várias técnicas da terapia regressiva, o que me ajudou a lidar melhor com situações do presente.

Novamente, o autoconhecimento e a minha "escuta sensível" guiaram-me rumo à minha transformação. Participei de um curso de formação para educadores, cuja proposta no final era apresentar um projeto que visava a uma ação social comunitária. Esse curso me propiciou iniciar um projeto social denominado: "Projeto Integração Real", que coordenei com uma colega entre 2006 e 2011. Realizávamos ações socioeducativas, com crianças e famílias da comunidade do bairro Real Parque, zona sul de São Paulo.

Ao mesmo tempo, foi nessa época que fizemos um acordo familiar e deixamos o posto de gasolina com uns tios para investir em um estacionamento. Dessa vez, após alguns anos, tivemos um bom retorno financeiro. No entanto, o meu desgaste foi tão grande que após a gravidez desenvolvi gradativamente uma anemia, que me levou para um hipotireoidismo, mas não havia percebido, mais uma vez me autossabotei; dessa vez foi na área da saúde. Não me cuidei. A consciência veio pela dor. Aconteceu quando fraturei três ossos metatarsos do pé direto em uma queda muito boba que me fez ficar parada por um mês. Foi nesse momento de paralização, com o impedimento de andar, que percebi o quanto estava precisando mudar algumas atitudes, principalmente em relação ao autocuidado, na minha vida.

Enfim, foi a queda que me impulsionou para um salto! Foi profundamente transformadora, me fez perceber a importância do autoconhecimento e do autocuidado. Comecei terapia na abordagem de cadeias musculares e yoga. Esses foram os "gatilhos" inconscientes que me levaram a pesquisar no mestrado o autoconhecimento e no doutorado, o autocuidado. Simbolicamente a metáfora da flor de lótus já atuava dentro de mim, só que eu não a conhecia.

Nessa travessia mobilizada pelo autoconhecimento e pela vontade de pesquisar a espiritualidade academicamente, me reencontro a partir da metáfora. A metáfora, segundo Rojas (2002, p. 209), pode ser "um convite à descoberta a um processo que auxiliado pela imaginação e sentimento, leva ao *insight*, conduzindo-nos à realização." Atravessei muito lamaçal e já tinha conseguido ver a luz várias vezes.

O ponto é que me permitia voltar para a lama várias vezes. Não acreditava no meu potencial. As principais mudanças de chave ocorreram durante o mestrado, ao reconhecer a minha metáfora, no doutorado (ANDRADE, S. M. A. de C, 2018). com todos os seus desafios e na formação como coach na Academia de Coaching Integrativo. Foi um grande elemento catalisador para renovar minhas forças rumo à realização. O conhecimento da metodologia me possibilitou criar em parceria uma metodologia para coaching vocacional, bem como utilizar a metodologia nos processos de psicoterapia, beneficiando há mais de trinta anos inúmeras pessoas no seu processo de transformação. Assim, autorrealizo-me ao acompanhar a travessia de adolescentes e adultos para que, assim como eu, consigam sair da "lama", ou seja, da autossabotagem, floresçam e encontrem seus propósitos e autorrealização.

Referências

ANDRADE, S. M. A. de C. *O autoconhecimento e autocuidado na formação interdisciplinar do profissional da saúde: uma jornada simbólica*. 2018. Tese apresentada no Programa Educação/Currículo da PUC-SP. São Paulo: PUC-SP, 2018.

ROJAS, J. In: FAZENDA, I. C. A. (Org.). *Dicionário em construção: interdisciplinaridade – Metáfora*, 2. ed. p. 209-210. São Paulo: Cortez, 2002.

20

TRANSIÇÕES & EXPECTATIVAS

Parte relevante da nossa jornada! Incluem incógnitas, desafios e esperanças. Têm começo, meio e fim. Se bem conduzidas, podem ser inspiradoras. Ter sido confrontado desde cedo com o diferente, o não trivial, com mudanças, o interesse por pessoas e culturas, e a busca por soluções para novos desafios, também por meio da construção de redes de relacionamento, foi uma bênção.

TOBIAS MAAG

Tobias Maag

Formado em Hotelaria na Suíça, trabalhei no setor de hospitalidade, alimentação e na indústria financeira. O traço comum? Pessoas. Sem aviso prévio, a gestão de expectativas, patrimônio e o universo do planejamento financeiro pessoal tomaram posição de destaque no meu desenvolvimento pessoal e profissional. Após 15 anos, veio nova guinada, o empreendedorismo. Priorizei demandas por assessoria independente, isenta e holística, lastreado na experiência em vários setores e culturas, e sólida rede de contatos. Contribui, entre outros, voluntariamente, para o desenvolvimento da profissão, na construção de grupos de estudo e cursos, ministrando aulas, treinamentos, palestras e escrevendo artigos para diversos públicos. Atribuições profissionais me levaram a morar em vários países, o que é refletido em minhas habilidades interculturais e comunicação em diversos idiomas. O futuro segue orientado ao aprendizado contínuo, à prestação de serviços de qualidade e ao cultivo dos relacionamentos.

Contatos
https://infopinion.com.br/
tobias@infopinion.com.br
LinkedIn: tobias-maag-cfp/

Tobias Maag, suíço-brasileiro, é um dos fundadores do Instituto Brasileiro de Certificação de Profissionais Financeiros (IBCPF), que é a atual Planejar. Logo que o conheci, ficou clara a nossa afinidade e visão semelhante, talvez pela forma criativa de abordar determinados temas e, sobretudo, pelo interesse genuíno em pessoas. Certamente, eram sinais de que faríamos muitas coisas juntos. Algum tempo depois, ele fez a formação profissionalizante da ACI.

Formado em hotelaria em uma destacada universidade da Suíça, Tobias trabalhou nos ramos de hospitalidade, alimentação e financeiro – neste último, em vários segmentos. Fomos parceiros em alguns grupos de trabalho na Planejar, além de professores em uma formação de planejadores financeiros. Mais recentemente, ao voltar para a Suíça, ele me contratou para repaginar a carreira dele. Ou seja, além de parceiros, ele foi meu aluno e agora é também meu mentorado.

Tobias é um dos melhores exemplos que conheço em transição de carreira. E por isto ele está neste livro. Tendo a música erudita e ps esportes como parte importante da sua vida, dedicou-se à hotelaria, trabalhou em instituições financeiras globais, como o Grupo UBS e Société Générale; participou ativamente do desenvolvimento da profissão de planejamento financeiro pessoal, que abraçou de maneira independente, com um olhar para o todo, incluindo aspectos comportamentais, e colocando as pessoas antes dos números. É um exemplo inspirador de como podemos nos reinventar na maturidade e continuar contribuindo profissionalmente com outras pessoas; no caso dele, algo que faz com maestria, sem deixar de lado sua vida pessoal.

Rebeca Toyama

Tobias Maag

Reimaginando uma nova história para a sua vida!

Pode ser ao mesmo tempo desafiador, transformador e gratificante. Envolve desejos, como mudanças de carreira e estilo de vida até a exploração de novos interesses.

O que te motiva? Por que almeja uma guinada de rumo, com impactos em diversas frentes? Reconhecer sua motivação é quase tão importante como o que se segue. Dar o primeiro passo. Ser consequente, e aberto para ajustar o curso conforme necessário. Celebrar os sucessos ao longo do caminho!

À medida que vivemos vidas mais longas saudamos a oportunidade de nos reinventar várias vezes, buscando novas paixões, aprendendo novas habilidades e contribuindo de maneira significativa para a sociedade.

Iniciamos nossa reflexão, abordando o tema das transições. Incluem dúvidas, surpresas e expectativas. Algumas são almejadas, pessoais, profissionais, emocionais, ou uma combinação de diferentes fatores. Outras nos alcançam "do nada". Cito como exemplo o acréscimo inesperado e significativo de patrimônio, como em função de uma herança, venda de empresa ou pura sorte. Na contrapartida estão possiblidades como a quebra de uma empresa, doenças graves, morte do principal provedor do sustento da família e outros. Ambas são desafiadoras!

A busca por uma transição na vida é uma jornada pessoal, mesmo quando imposta por motivos alheios aos seus desejos. Pode também ser expressão da fuga de algo que nos incomoda. Avalie o que é predominante, fortalecendo o processo com elementos construtivos.

O suporte de amigos, familiares ou profissionais é algo nada desprezível nesta empreitada. Desenvolva um plano, incluindo prazos, recursos necessários e pequenas etapas realizáveis. O aprendizado contínuo em apoio aos seus objetivos, composto por cursos, leitura etc., poderá ser um forte aliado. E não se esqueça da resiliência, porque toda transição é um desafio. Todavia, não se esqueça de viver o presente.

Parafraseando Martin Luther King, "Suba o primeiro degrau com fé. Não é necessário que você veja toda a escada, apenas dê o primeiro passo."

Mochila

Mas de onde veio a bagagem, o conteúdo da mochila que fornece o instrumental para ajudar outros? Meus aprendizados começaram na infância, marcada pelo convívio construtivo com a família e amigos. Este me possibilitou desenvolver a curiosidade, acumular descobertas, sucessos e fracassos. Disto vieram o interesse por conhecimento em diversas frentes, e pela formação de redes de relacionamento e o compartilhamento inerente. Aprender idiomas como o dialeto suíço-alemão, sutil e melódico como uma avalanche, e português como contraponto, foram a base para depois incorporar outros.

Em casa desmontávamos o piso de tacos, para construir novos universos. Nossa vira-lata, Sasu, nem sempre respeitava as obras-primas. Nos aniversários, além dos doces e brincadeiras, sempre éramos convidados a superar eventuais inibições e medos, utilizando nossa imaginação, e contribuindo, ativamente, para a apresentação de uma peça de teatro, produção caseira. Nunca faltou criatividade, espontaneidade, e o esforço de inclusão de todos, qualquer talento sendo bem-vindo.

Ajudar os mais tímidos a superarem seus medos e participarem de cada projeto, a se fantasiarem com os lençóis, utensílios domésticos e outros materiais, conforme as ideias das quais iam se apoderando, o aprendizado de curtas falas num lapso de tempo mínimo, a entrega individual dentro de um trabalho em conjunto, certamente foram aprendizados vitalícios para muitos.

A primeira fase escolar não foi corriqueira para os moldes da época (Rudolf Steiner). Ensinou a enxergar e lidar com o diferente, com pessoas de influências diversas, interpretar acontecimentos. O contato direto com trabalhos manuais e o mundo das artes foi fundamental para desenvolver um olhar além do próprio umbigo e das fronteiras estabelecidas anteriormente. Tudo útil para me habilitar em algum momento como *sparing partner*, com capacidade de apoiar outros no treino das suas habilidades, para reflexão sobre alternativas e prioridades.

A descoberta do mundo da música, em especial, a erudita, assim como e a prática de diversos esportes, trouxeram experiências, amizades, realizações e desafios novos. Junto com a sede por conhecimento e aperfeiçoamento de habilidades, vieram o gosto por resultados obtidos individualmente ou em conjunto, o aprendizado para lidar com expectativas realizadas ou frustradas, avaliar alternativas para o futuro, priorizar desejos e fazer escolhas. Quase sempre é um compromisso, um alicerce importante. Recomendo.

Com a mudança de colégio, para um modelo mais estruturado e rígido, seguiu-se uma guinada importante, com ganho de autonomia, e a responsabilidade que sempre a acompanha. A capacidade de lidar com a liberdade precisa ser aprendida, sendo fator importante a ser levado em consideração nas transições da vida. Alguns entendem logo, outros avançam no princípio do conta-gotas.

A escolha pelo estudo da hotelaria iniciou uma série de mudanças geográficas, culturais e de idiomas. Além das matérias diretamente relacionadas à gestão e liderança, o currículo incluiu aspectos como o rigor de uma receita, detalhes de um bom atendimento, conhecimento sobre fisiologia alimentar e a harmonização com vinhos etc. Como pode querer montar um negócio ou comandar uma equipe, sem conhecimento razoável do que esperar, e daquilo que outros necessitam para cumprir com suas expectativas?

O convívio intenso com inúmeras nacionalidades, e o trabalhar em diversos países, aguçou o interesse pelos diversos modos de pensar e de fazer as coisas.

Coube entender que fazer aquilo que se gosta não é mais relevante do que encontrar realização, propósito e felicidade naquilo que temos na mesa. Em outras palavras, apreciar aquilo que somos capazes e que é possível no momento acrescenta significado a cada período das nossas vidas.

Um novo passo. A mudança do setor da hospitalidade para o financeiro. Talvez uma mudança menor do que pareça, visto que o foco segue na prestação de serviços, e nas pessoas que reconhecem o valor que aportamos. Mesmo não sendo santos milagreiros.

O planejamento financeiro pessoal tem como objetivo proporcionar uma gestão eficaz dos recursos de uma pessoa, visando alcançar metas e objetivos financeiros de curto, médio e longo prazo. Alguma dúvida sobre o papel das expectativas?

Não sabemos antecipadamente o resultado de qualquer decisão tomada, baseada em projeções, premissas e experiências passadas, que não podem ser extrapoladas como certezas para o futuro. Mas podemos contribuir para dar maior clareza às probabilidades e à gestão das expectativas.

Como disse George Bernard Shaw: "O sucesso não consiste em não errar, mas em não cometer os mesmos equívocos mais de uma vez."

Seu norte – sua sorte

Transformações não precisam ser épicas ou grandiosas para inspirar os outros. Mesmo pequenas mudanças positivas em sua vida podem ter um impacto significativo nos outros e ser uma fonte de motivação para aqueles ao seu redor. Compartilhar experiências próprias foi essencial para ajudar outros a enxergar e avaliar alternativas, e trazer uma certa leveza para discussões nas quais predominavam os imperativos, reais ou imaginários. Disto fizeram parte os "tombos" e suas consequências, tanto os momentos honrosos quanto os vergonhosos. Ter alguém confiável, um mentor imparcial com visão holística, e com capacidade analítica para apoiar na identificação de alternativas e roteiros adequados pode ser um diferencial importante.

Uma citação atribuída a Gary Player e outros expoentes do Golfe, resume a sorte desta forma: "Quanto mais eu treino, mais sorte eu tenho."

A expectativa dos frequentadores de salas de concerto, hotéis, restaurantes e bancos tem diversas semelhanças, como:

- Profissionalismo e cortesia.
- Eficiência.
- Comunicação clara e transparente.
- Colocar os interesses do cliente em primeiro lugar.
- Resolução de problemas.
- Segurança e privacidade.
- Qualidade dos produtos e serviços.
- Experiência positiva. Atender preferências individuais, é apreciada em todos esses setores.
- Capacidade de ouvir o feedback e realizar melhorias contínuas.

Portanto, terminamos onde estamos, no mundo do planejamento financeiro, no coaching e na mentoria, utilizando o que aprendi e onde acumulei mais experiência. Uma experiência de vida, que segue se expandindo e rendendo frutos. E agora?

Entram novos componentes, como aqueles ligados à idade e regulamentações que avançam e, mais recentemente, para o bem ou para o mal, dependendo do uso que se faz dela, a Inteligência Artificial.

Mantenho relacionamentos inspiradores e proativos com colegas de escola e faculdade, assim como das diversas fases do trabalho. Aqui já encontrei e forneci apoio em áreas nas quais não se é o especialista, podendo contribuir para encontrar soluções, caminhos e respostas. *Matchmaking*.

Me acompanhe em uma pequena reflexão sobre expectativas.

Inicialmente, destaco o autoconhecimento. Uma reflexão profunda sobre seus valores, paixões e habilidades, identificando o que realmente importa para você na vida, é fundamental para definir metas claras e alcançáveis. Concomitantemente é preciso ter clareza sobre as capacidades e limitações temporais, materiais e outras, que aumentam ou diminuem as chances de sucesso.

O autoconhecimento tem um papel fundamental para quem busca gerir suas expectativas, ou ajudar terceiros neste tema. O assunto foi tópico central na minha certificação para coaching integrativo. Existe farta literatura disponível sobre o assunto, assim como ferramentas de apoio relacionadas à identificação mais detalhada de perfis e vieses, que são úteis para reconhecer e lidar com pontos cegos, e construir em cima dos seus pontos fortes. Conheci de perto diversas destas ferramentas, ajudando a trazer uma de excelência para o Brasil há alguns anos. Os vieses comportamentais têm influência relevante sobre como agimos, ou deixamos de fazê-lo.

Grandes expectativas levam à esperança por boas ocorrências, enquanto baixas expectativas se relacionam a um baixo risco de decepção e um limite de oportunidades. Para gerenciá-las, pode ser útil:

- Ouvir ativamente as pessoas para entender suas necessidades, seus desejos e suas expectativas.
- Estabelecer limites claros sobre o que está disposto e é capaz de fazer.
- Cumprir compromissos assumidos, com objetividade e empatia.
- Comunicação clara e honesta, também se as circunstâncias mudarem ou caso as expectativas precisarem ser ajustadas.
- Manter-se flexível para se adaptar a novas situações.
- Gerenciar as emoções, uma vez que as expectativas nem sempre são atendidas.
- Ser o mais realista possível ao definir expectativas.

Aprenda com as experiências, refletindo sobre situações em que as expectativas não foram atendidas. Use-as para melhorar sua capacidade de gerenciar expectativas no futuro.

No entanto, qual é o papel do profissional que te apoia nessa transição? Ele pode oferecer um olhar mais neutro e distanciado da questão que se coloca; isso pode fazer toda a diferença. Mostrar alternativas, definir etapas ou mesmo inserir um período no qual decisões ficam suspensas, até que o cenário fique mais transparente, pode evitar tomadas de decisões no calor das emoções, e irreversíveis.

Apoiar a transformação para uma nova história da sua vida pode acontecer compartilhando conhecimento e experiências, oferecendo suporte prático e mentoria. E de exemplos inspiradores. É essencial ser genuíno e focar em impactos positivos. O ferramental necessário vem da sua formação, da sua vivência e do seu caráter. Entretanto, como um pequeno *intermezzo*, é importante não se esquecer de que buscar entender anseios e necessidades, conectando estas com soluções alternativas, não precisa ser um exercício meramente altruísta. Ajudar as pessoas a atingirem uma melhor experiência de vida também contribui para minha realização pessoal e profissional, para a construção de uma sólida rede de relacionamentos e o desenvolvimento de oportunidades. É dando que se recebe.

Os melhores utensílios para ajudar não são necessariamente aqueles de alta complexidade, mas sim os ditos *soft skills* (ou habilidades interpessoais). A aptidão para identificar problemas, analisar informações de maneira crítica, encontrar soluções, se necessário "fora da caixinha", e ajudar outros a tomarem decisões lastreadas em conhecimento forma o *tool box* básico de qualquer profissional interpessoal. A capacidade de inspirar e motivar outros tem relação direta com a de relatar experiências e ideias de maneira inspiradora, frequentemente por meio do *storytelling*.

As transformações pessoais abrem caminhos para novas ideias e abordagens. Explorar territórios e desafiar o status quo inspira a inovação e a criatividade. Superar obstáculos e adversidades pode ser um desafio salutar. A capacidade de se recuperar e continuar, inspira a não desistirmos quando enfrentamos dificuldades.

A frase atribuída a Mahatma Gandhi parece se encaixar bem nesta altura: "Se queremos progredir não devemos repetir a mesma história, mas fazer uma história nova".

LEMBRANDO QUEM SOU

Após uma carreira comercial em grandes empresas de tecnologia, Vicente Carrari percebeu que a maior realização foram as vidas que tocou e o impacto que causou como gestor. No auge da profissão, decide estudar a arte do *coaching* e as motivações humanas. Durante o processo, seu primeiro cliente torna-se também seu professor, apontando o futuro de ambos para novas e desconhecidas rotas.

VICENTE CARRARI

Vicente Carrari

Formado em publicidade no Mackenzie, foquei minha carreira em marketing e vendas em plataformas digitais. Por 20 anos, ajudei a realizar a transformação digital nos maiores clientes do Google e Spotify. Neste mercado em crescimento e com desafios imprevisíveis, desenvolvi um estilo de gestão autêntico, marcado pela colaboração e pelo alto desempenho em ambientes complexos. Além do foco nas pessoas, consolidei conhecimentos de negócios no Insper, Duke University e IBGC. Durante a pandemia, percebi que novos líderes eram necessários para lidar com a polarização no ambiente de trabalho e os novos desafios. Decidi então aprofundar meus estudos para contribuir com essa nova geração de líderes: o que move as pessoas? Como apoiá-las para alcançar o máximo desempenho para uma vida realizada? Agora estou incorporando a formação de *coach* e psicanalista ao meu currículo, dedicando estudos na ACI e CEP (Centro de Estudos Psicanalíticos) e me preparando para deixar um legado de seres humanos mais íntegros, eficazes e colaborativos.

Contatos
vicente.carrari@academia-aci.com.br
LinkedIn: vicentecarrari/

Vicente Carrari foi apresentado a mim por uma cliente que havia terminado de concluir seu planejamento de carreira. Ele é uma pessoa muito fora da curva, com uma capacidade intelectual impressionante. Para se ter ideia, é músico, poliglota, pai, psicanalista, empreendedor e *coach*, além de sua liderança com equipes de marketing e vendas em plataformas digitais (entre elas, Google, Spotify e algumas startups). Em 2021, por conta de sua paixão gastronômica, ele criou a padaria artesanal El Panadero, uma das inúmeras metas que havíamos desenhado juntos durante seu processo de *coaching*.

Após sua primeira transição de carreira, ele queria mais. Quando atuava em uma *startup*, lembro-me de tê-lo perguntado o que ele queria fazer a partir daquele ponto. Sua resposta, para variar, foi impactante: "Quero fazer o que você faz". O caminho para esse objetivo foi encaminhá-lo para formação profissionalizante na ACI, o que lhe permitiu expandir o desejo de desenvolver ao máximo o potencial de outras pessoas, construindo um legado de integridade, eficácia e colaboração, como ele tanto queria.

Com carreira e trajetória tão consolidadas, Vicente inspira muita confiança por onde passa. Eu perdi a conta de quantos clientes ele já nos indicou antes de fazer a formação com a gente. Hoje ele é parte da equipe de mentores e palestrantes da ACI. Mas está neste livro, sobretudo, por sua capacidade de aplicar todo seu conhecimento corporativo em benefício do outro, com um estilo de gestão autêntico, marcado pela colaboração e alto desempenho em ambientes complexos, sem abrir mão de seu papel de marido e pai.

Rebeca Toyama

Vicente Carrari

Primeiros passos

"Carregar uma criança" é um conceito recheado de possibilidades.

Podemos carregar uma criança para ajudá-la a chegar até seu destino. Podemos carregar uma criança para fazê-la chegar a um destino que desejamos para ela. E podemos carregar uma criança, que somos há muito, dentro de nós.

A criança que carregamos não se transforma em um adulto. Ela permanece em nosso íntimo, com seus temores e desejos, afetos e curiosidades. Contudo, não é mais criança: vivências, experiências e traumas a vestiram de adultez, roubando sua impetuosidade em nome da razão e das tintas mais aceitas pela civilização. A criança, mesmo assim, lá persiste.

E foi uma dessas que conheci, aos 25 anos, falando de maneira animada sobre trabalho e carreira. A criança queria ajuda, queria mentoria, queria algo de mim. Entendi que ela queria o apoio de alguém experiente para encurtar suas dores de carreira, para acender luzes que não alcançava.

Fabrizio me impressionou pela franqueza e pela ambição. Tinha muitos sonhos a perseguir, preocupação enorme com produtividade e todas as suas palavras apontavam para uma mesma ideia, ser independente. Queria viver de renda aos

30, queria comprar seu apartamento, queria abrir sua própria *startup*. Queria virar adulto.

O iniciante de 20 anos

Eu, Vicente, também queria virar adulto. Não no sentido literal: pai de dois filhos, e com experiência de mais de 20 anos em gestão de times de vendas no Google, Spotify e startups, já havia experimentado desafios profissionais a cada semana, ajudando as maiores empresas do mundo a realizar sua transformação digital, movendo suas vendas para o e-commerce, aprendendo a construir marcas no mundo on-line. Eu participei da transformação digital das maiores empresas do mundo dentro de uma das maiores empresas do mundo.

Neste período, não apenas havia me tornado um hábil vendedor consultivo, mas aprendido a liderar as mais diferentes pessoas no processo de vendas. Entre recomendações de carreira, coaching de performance a alguns *happy hours*, vi dezenas de pessoas que trabalharam comigo abrirem seus próprios negócios com grande sucesso, outras se tornaram gerentes e diretores no Google e outras empresas de tecnologia, enquanto alguns se tornaram especialistas em suas áreas. Graças a essas inúmeras pessoas, aprendi muito sobre gestão, mas queria agora ser capaz de apoiar qualquer pessoa, em qualquer área, no seu desenvolvimento.

Para isso, lembrei do poderoso coaching que realizei com a Rebeca Toyama, fundadora da ACI, em 2016. Adorei seu estilo direto e profundo, e nos tornamos próximos. Ela ajudou a iluminar meu caminho de gestor no Google e me fez reconhecer que o amor pela comida poderia virar negócio. Esse amor se tornou a padaria artesanal El Panadero, aberta em 2021 com meu sócio Ramiro Murillo. No caminho, plantou também as sementes da carreira de *coach*.

Para alcançar esse objetivo, comecei a estudar *coaching* na ACI em 2022. Apesar de sentir que havia capturado os conceitos base, precisava de um coachee para aplicar meus conhecimentos. Fabrizio parecia o ideal primeiro candidato, com sua proatividade e clareza de metas, sua visão racional da vida. Sobretudo, parecia-se muito comigo.

Maturidade na prática

As primeiras sessões foram uma grande surpresa, para mim e para ele. Eu descobri que era capaz de conduzir a sessão, sem muita dificuldade, apesar de ter diversas dúvidas. Fabrizio era dedicado e confiava no processo. Já na segunda sessão notamos que algo estava diferente. O processo não era apenas racional, algo a mais se configurava naquelas conversas. Logo percebemos que a força daqueles encontros era o germinar dentro de nós de sementes que há muito estavam dormentes.

Eu, Vicente, que buscava me tornar coach, havia praticado por anos em conversas com clientes, funcionários e amigos para praticar uma escuta mais ativa do que nunca. Aprendi a escutar como se tivesse treinado a vida toda para aquele momento, fazendo conexões sutis entre as falas da vida profissional do Fabrizio, seu passado e sua vida. De dentro daquele Fabrizio adulto, renascia uma criança que, sutilmente, coordenava toda a sua vida sem sua consciência. As perdas na família e as experiências explicavam sua vontade de organizar o mundo, sua busca ansiosa por projetos e conquistas. As histórias do passado passaram a clarear o propósito da sua carreira e traduzir seus anseios em próximos passos.

Durante o processo de coaching, a visitação de valores, dos olhares dos amigos e colegas, a construção dos frutos da árvore que se transformam nas nossas ações começava a montar uma estrutura para entender não apenas o indivíduo, mas também o mundo que o cercava. Os projetos de futuro se tornaram não apenas lacunas a serem preenchidas, mas dilemas essenciais da vida: o que Fabrizio queria ser quando crescer? Envelhecer?

Nessa troca, as sessões se tornaram espelho. Quem estava coaching quem? Ambos passávamos pelo mesmo túnel, em sentidos opostos, visitando nossos espectros e construindo um novo projeto de *self*. Fabrizio buscava suas primeiras conquistas materiais e pessoais, eu buscava novas maneiras de cuidar do mundo. Ficamos nessa dança por seis meses, uma longa ecdise, como as aranhas que admiro. Lutávamos para nos livrar de nossas carapaças, que tanto e por tanto tempo nos serviram. Queríamos ansiosamente descobrir o que estaria por baixo, que forma final chegaríamos após esta metamorfose.

Ao final, senti que havia passado uma vida ao lado do Fabrizio. Montamos mapas para sua vida, planejamos viagens, casamentos, filhos e aquisições. Fabrizio mudou o objetivo do nosso trabalho, de independência financeira para o lançamento de sua *startup*. E eu mudei, também, de objetivo. Não queria mais apenas testar minha habilidade de coaching. Queria fazer todo o possível para apoiar meu coachee para que ele alcançasse todo o seu potencial. Queria fazer daquelas sessões o ponto central da minha atividade profissional.

Em nossa última sessão, tivemos um momento de epifania. Eu concluí o processo do meu coachee, e eu conclui meu processo de coach. Meses depois, Fabrizio ingressava em um renomado curso de apoio a startups, inspirado pelo nosso trabalho. E eu prosseguia nos meus estudos de *coaching* e psicanálise, que chegam no seu auge exatamente nestas palavras – contando a história da transformação simultânea de duas carreiras.

Vicente Carrari

Iniciante mais uma vez

O Vicente que concluiu o processo de *coaching* de outra pessoa acabou se tornando um outro Vicente. Tinha muito mais dúvidas do que no começo do processo, e uma curiosidade enorme em ajustar minha carreira para adicionar esta atividade: o desenvolvimento do potencial máximo em outros seres humanos.

A experiência foi similar ao processo de me tornar pai. Acompanhar, apoiar e torcer pelo sucesso de outro ser humano é uma sensação indescritível, mas muito poderosa. E o impacto dessa evolução causa transformações poderosas não apenas no coachee, mas também no coach e em todo o mundo, na forma de melhores empresas, países e comunidades.

Continuo dedicado não apenas ao coaching, mas também ao funcionamento da mente humana. Comecei a estudar psicanálise, para conseguir aprofundar a prática da minha vida profissional e as próximas sessões de coaching com um entendimento ainda mais profundo não apenas dos profissionais que chegam até mim, mas do indivíduo como um todo, honrando a visão integrativa de cuidado.

Quero também criar projetos para promover os conceitos da gestão com uma visão humana, focada em expandir o potencial das pessoas e não em exercer o controle sobre elas; em diversidade de todos os tipos; e na escuta ativa e colaboração. Apesar de grandes empresas já terem recursos dedicados para garantir esta gestão de alto nível, a maior parte dos pequenos e médios negócios precisa ter acesso prático, de baixo custo e impactante para tornar suas organizações mais humanas e competitivas. Essa iniciativa também impactaria milhares ou milhões de trabalhadores, que teriam uma relação mais saudável com o trabalho e maior habilidade de se desenvolver profissionalmente e como indivíduos.

Curiosamente, após tantos cursos e estudos, ainda não tenho muitas certezas. Estou desenhando este futuro com a clareza de que sei muito pouco, mas estou disposto a me tornar um iniciante mais uma vez.

E ainda navegando em galáxias desconhecidas, aos 40 e tantos anos, levo como inspiração as palavras do meu *coachee* em sua conclusão do processo:

"O divertido da vida não é encontrar respostas, mas o ato de buscá-las."